»Kinder
sind
Kinder« 28

Karl E. Dambach

Zivilcourage lernen in der Schule

Unter Mitarbeit von Claudia Tauscher
und Nicole Wilhelm

Mit 18 Abbildungen und 6 Tabellen

Ernst Reinhardt Verlag München Basel

Karl E. Dambach, Lehrer und Fachleiter am Studienseminar für berufliche Schulen Wiesbaden

Vom Autor außerdem im Ernst Reinhardt Verlag lieferbar:
Mobbing in der Schulklasse. (»Kinder sind Kinder« 20; ISBN 3-497-01588-1)

Cover unter Verwendung eines Fotos der Agentur Kinderwelt, Senden. Internet: www.kinderwelt-kolmikow.de

Die Fotos im Innenteil stammen vom Autor. Wir danken den auf den Fotos abgebildeten Schülerinnen und Schülern der Werner-Heisenberg-Schule in Rüsselsheim für ihre Bereitschaft, die Situationen zu stellen.
Die Zeichnung auf S. 29 stammt von Anna Maykhrich, Offenbach.

Bibliografische Information der Deutschen Bibliothek

Die Deutsche Bibliothek verzeichnet diese Publikation in der Deutschen Nationalbibliografie; detaillierte bibliografische Daten sind im Internet über <http://dnb.ddb.de> abrufbar.

ISBN 3-497-01748-5
ISSN 0720-8707

Printed in Germany
Reihenkonzeption Umschlag: Oliver Linke, Augsburg
Satz: Fotosatz Reinhard Amann, Aichstetten
Druck und Bindung: Friedrich Pustet, Regensburg

Ernst Reinhardt Verlag, Kemnatenstr. 46, D-80639 München
Net: www.reinhardt-verlag.de Mail: info@reinhardt-verlag.de

Inhalt

Vorwort

Lehrkräfte an Schulen beobachten tagtäglich das soziale (oder weniger soziale) Verhalten ihrer Schülerinnen und Schüler, stoßen auf Konflikte unter Schülern und erleben, wie Kinder Mitschüler ausgrenzen. Genauso lassen sich positive Beispiele des menschlichen Umgangs miteinander im Schulalltag finden: Schülerinnen und Schüler unterstützen andere Kinder, treten für die Interessen der Klassengemeinschaft ein.

Die Erziehung zu sozialer Verantwortung ist eine der wichtigsten Aufgaben der Schule, und die Schulklasse ist dafür ein sehr geeignetes Übungsfeld. Natürlich ist es auch die Aufgabe der Eltern, ethische Grundlagen des Sozialverhaltens zu vermitteln und Zivilcourage zu fördern. Lehrkräfte, die im Unterricht oder in Projektwochen gegen soziale Gleichgültigkeit tätig werden und ihre Schüler zu couragierten Menschen erziehen wollen, sollten sich der Unterstützung der Eltern gewiss sein und die Eltern mit „ins Boot holen".

Zivilcourage kann man lernen. Wir gehen davon aus, dass man Zivilcourage innerhalb einer Gruppe in der Kindheit und Jugend lernen kann. Mit Zivilcourage meinen wir nicht die große Heldentat, sondern den alltäglichen Mut, mit dem man sich gegen Diskriminierungen durch andere Personen oder gegen Gruppen wehrt.

Wir, das sind meine Kolleginnen Claudia Tauscher, Nicole Wilhelm und ich, haben eine Unterrichtsreihe entwickelt, mit der man genau diesen alltäglichen Mut bei Kindern und Jugendlichen fördern kann: ein Training gegen soziale Gleichgültigkeit. Das Konzept wurde in der Schule erprobt und verbessert, all unsere Erfahrungen konnten in dieses Buch einfließen. Die

Unterrichtskonzeption ist variabel angelegt. D. h., die Lehrkräfte können – je nach Vorwissen, Interessen und Einstellungen der Schülerinnnen und Schüler – die Einheiten ausführlicher oder knapper gestalten. Die Beispiele im vorliegenden Buch stammen von der ersten Umsetzung unseres Konzepts in einer Gymnasialklasse, sind aber auch bei jüngeren Schülerinnen und Schüler ab zwölf Jahren einsetzbar. Es bietet sich dafür nicht nur das Fach Deutsch mit den Schwerpunkten „mündliche und schriftliche Kommunikation" sowie „Umgang mit Literatur" an, sondern auch die Fächer des sozialkundlich-politischen Unterrichts (Schwerpunkt Sozialverhalten) und natürlich Religion und Ethik (Moral und Werte). Außerhalb der Fächer kann in Projektwochen an den einzelnen Themen (auch fächer- und jahrgangsübergreifend) gearbeitet werden.

Je nach Ausgestaltung der Unterrichtsreihe müssen mindestens zehn Unterrichtsstunden angesetzt werden.

Zum Aufbau der Unterrichtseinheiten: Zunächst geht es in Kapitel zwei um die Wahrnehmung von Gefühlen bei sich und anderen. Wer sich seiner Gefühle bewusst ist, sich in andere hineinversetzen kann, kann auch überzeugt für andere eintreten. In Kapitel drei finden Sie Informationen über und Übungen für eine bessere Kommunikation. Es schließt sich in Kapitel vier eine Einheit an, in der aufgezeigt wird, welche Gruppenzwänge auf den Einzelnen einwirken und welche Auswirkungen dies auf die Personen hat. Auch hier sind Übungen für die Kinder und Jugendlichen enthalten, um das Gruppenklima zu verbessern. In Kapitel fünf soll nun Zivilcourage geübt und reflektiert werden.

Wiesbaden im Januar 2005   Karl Dambach

1 Warum sozialer Mut so wichtig ist

Maximilian, sieben Jahre alt, erzählt seiner Mutter gern, wie er seine Mitschülerin Melanie vor den brutalen Jungen aus der 4. Klasse schützt oder wie er seinen jüngeren Bruder aus dem brennenden Haus rettet. Währenddessen stehen die Feuerwehrleute vor dem Haus und wagen es nicht näher an die Flammen heranzutreten.

Sorgen bereiten der Mutter nicht die Fantasien ihres Kindes, sondern das, was der Klassenlehrer ihr über Max berichtet: Ihr Sohn sei in der Schule außerordentlich ängstlich und habe noch nicht einmal gewagt, Hilfe zu holen, als ein Mitschüler auf dem Pausenhof auf ein anderes Kind einschlug.

Die Fantasien von Max sind kein Einzelfall. Nicht nur er möchte gut und mutig sein. Die meisten Menschen identifizieren sich gern mit den Helden, die uns z. B. im Fernsehen begegnen; mit Helden, die sich ohne Furcht vor Nachteilen auf die Seite der Gerechtigkeit stellen. In der Praxis sieht das meist anders aus. Beherzt einzugreifen, wenn die Jungen der vierten Klasse Mitschülern Schläge androhen, ist gar nicht so leicht. Auch hier ist Max kein Einzelfall. Kinder und Jugendliche haben Angst einzugreifen oder Hilfe zu holen, weil sie z. B. befürchten, das nächste Opfer der groben Mitschüler zu werden. Auch Erwachsene lassen den so wichtigen Mut in alltäglichen Situationen nicht selten vermissen. So hören wir wiederholt die Klage von Politikern und lesen in den Zeitungen, es fehle der Bevölkerung an Zivilcourage.

Diese Diskrepanz zwischen moralischen Idealen und dem Mangel an Mut und Engagement im Alltag verfestigt sich – das ist unsere Überzeugung –, wenn Zivilcourage oder sozialer Mut nicht schon in der Kindheit gelernt und geübt wurden. Kinder müssen lernen, ihre Meinung zu vertreten, und es ertragen können, wenn sie damit nicht immer auf die Zustimmung von anderen stoßen. Auch wenn sich Kinder und Jugendliche stark an der jeweiligen Mehrheit in der Peergroup orientieren, bis zur Selbstverleugnung und zum Verrat an den eigenen Idealen sollte sich diese Orientierung nicht ausweiten. Lehrer und Eltern können dagegen angehen – auch wenn aus den Grundschulkindern schon Jugendliche geworden sind.

Da Kinder und Jugendliche bei ihrer Entwicklung aus der Abhängigkeit von den Eltern hin zur Selbstständigkeit sehr auf die Anerkennung der Gleichaltrigen angewiesen sind, fällt es ihnen besonders schwer, ihre Meinung zu vertreten, wenn die Gefahr der Isolation droht. Deshalb wollen wir hier unseren Schwerpunkt setzen: Sich gegen nicht hinnehmbares Verhalten der eigenen Gruppe zu engagieren. Das ist schwer und erfordert Mut vom Einzelnen.

Der Begriff Zivilcourage ist natürlich umfassender, als er hier verwendet wird. Zivilcourage bedeutet auch, Widerstand gegen inhumane Autoritäten und Machtstrukturen zu leisten. Es erscheint uns aber pädagogisch sinnvoll, sich auf das soziale Verhalten in Gruppen zu beschränken und den Schülerinnen und Schülern hier eine Einstellungs- und Verhaltensänderung in Richtung Zivilcourage zu ermöglichen. Wir hoffen auch auf Transfer: Wer gelernt hat, den Mut aufzubringen, sich gegenüber einer Gruppe standhaft zu zeigen, der wird vielleicht auch gegenüber ungerechten Autoritätspersonen seine Meinung vertreten.

Das Zuschauen und Nicht-Eingreifen, wenn eine andere Person ausgegrenzt oder bedroht wird, hat natürlich Gründe. Dahinter kann sich verbergen, dass man

■ Angst hat, sich einem Konflikt auszusetzen,
■ bequem ist und sich die Mühe eines engagierten Auftretens „ersparen" möchte,

▪ keine Verantwortung übernehmen möchte („Sollen doch die anderen …"),
▪ sich nicht in die Betroffenen einfühlen kann.

Kaum jemand mag zugeben, dass er Angst hat, keine Verantwortung übernehmen möchte. Spricht man die Menschen an, warum sie eine angegriffene Person nicht unterstützen, werden andere Gründe angeführt: „Das hab' ich nicht mitgekriegt", „Ich fühlte mich gerade nicht gut", „Ich empfand die Situation nicht als bedrohend".

Wenn unbeteiligte Personen Zeugen einer Diskriminierung werden und schweigen, bedeutet das, dass sie diese Form von Gewalt tolerieren und akzeptieren – und damit sind sie nicht mehr unbeteiligt, sondern passiv unterstützend. Wenn z. B. jemand in meiner Gegenwart zu einem Anwesenden oder über einen Abwesenden etwas Diskriminierendes sagt und ich mich sofort scharf dagegen wende, wird meine Gegenreaktion den Angreifer eher beeindrucken, und die Umstehenden können leichter zur Solidarisierung gegen ihn aufgerufen werden, als wenn ich nicht handele. Auch auf die Zuschauenden, die mit der Diskriminierung nicht einverstanden waren und es nicht wagten, gegen den Aggressor aufzutreten, hat mein Schweigen einen ungünstigen Einfluss. Sie wurden in ihrer Überzeugung bestärkt, dass es keine breite Unterstützung für ein Opfer gibt und es grundsätzlich besser ist, den Mund zu halten, um nicht selbst in eine solch unerfreuliche Lage zu geraten.

Der Mut, für andere einzutreten, ist nicht nur eine Forderung der Gesellschaft, sondern er dient auch der gesunden Persönlichkeitsentwicklung. Denn wer es nicht wagt, in einer diskriminierenden Situation einzugreifen, obwohl es sein Gewissen von ihm verlangt, gerät in einen Zwiespalt mit sich selbst. Sein Selbstwertgefühl und sein Selbstvertrauen werden gemindert.

Die Erkenntnis, dass in der Kindheit und Jugend das Lernen leichter fällt als in späteren Jahren, ist allgemein anerkannt. Sie wird jedoch überwiegend im kognitiven (z. B. Mathematik, Fremdsprachen) oder psychomotorischen Bereich (z. B. Klavier spielen) beachtet. Der große Bereich der Werte, Einstellungen, Gefühle und Verhaltensweisen wird nur in Ansätzen – z. B. in einigen Stunden Religions- oder Ethikunterricht – in die pädagogische Konzeption aufgenommen.

Das kognitive und psychomotorische Lernen fällt im fortgeschrittenen Erwachsenenalter schwer, auch wenn es noch möglich ist. Ich verweise auf den Begriff des lebenslangen Lernens. Das Umlernen im emotionalen Bereich ist in späteren Jahren ungleich schwieriger. Das ist in mancher Hinsicht auch sinnvoll, denn es hat auch einen Nutzen für die Gesellschaft: Das Zusammenleben in einer Gesellschaft ist stabiler, wenn sich nicht ständig Werte, Normen und Einstellungen ändern. Das bedeutet aber auch, dass die „Prägungsphase" der Kindheit und Jugend in diesem Bereich viel stärker in die pädagogischen Überlegungen einbezogen werden muss, als das heute der Fall ist. Denn fehlgelaufene Lernprozesse (Defizite des Gewissens, unsoziale Verhaltensdispositionen) sind nicht leicht zu korrigieren.

Die allgemeine Forderung, die allen Schulgesetzen vorangestellt wurde, zu sozialverantwortlichem Handeln zu erziehen, bedarf der Konkretisierung, um unterrichtlich relevant zu werden. Dazu trägt das folgende Training bei.

2 Der Umgang mit Gefühlen

In diesem Kapitel geht es darum, wie Schüler lernen können, eigene Gefühle wahrzunehmen und zu identifizieren, sich in andere hineinzuversetzen, um mitfühlen zu können, ohne Ressentiments zu ertragen, dass andere anders fühlen und denken.

Es sind häufig Gefühle der Angst, die uns daran hindern, einzugreifen, wenn wir Worte und Handlungen gegen andere als unerträglich empfinden:

- Angst, allein mit unserer Meinung zu stehen,
- Angst, als aufdringlich zurückgewiesen zu werden,
- Angst, sich lächerlich zu machen,
- Angst, isoliert und benachteiligt zu werden.

Es kommen aber auch andere Gefühle in Betracht wie zum Beispiel Neid, Missgunst, Bequemlichkeit, diffuse Aggressivität.

Das Wort Zivil-"Courage" legt nahe, dass es um Mut geht, seinen Gefühlen verbal Ausdruck zu verleihen und entsprechend zu handeln. Das alleinige Ziel, die Angst zu überwinden (oder gar abzutrainieren), würde jedoch zu kurz greifen. Denn ohne Mitgefühl mit dem Opfer gibt es kein soziales Engagement. Deshalb muss die Wahrnehmung eigener Gefühle wie auch die Einfühlung in den Kommunikationspartner verbessert werden.

Ohne intellektuelle Durchdringung der kommunikativen, sozialen und psychologischen Hintergründe würde nur ein stereotyper Pragmatismus eingeübt, der sich in komplexeren Situationen nicht bewähren könnte.

2.1 Die eigenen Gefühle und die der anderen

Häufig sind Kinder und Jugendliche nicht in der Lage, ihre eigenen Gefühle zu identifizieren. Wenn sie gefragt werden, warum sie sich nicht an einer Klassendiskussion beteiligen, antworten sie möglicherweise, dass sie keine Lust dazu hätten. Im Gespräch unter vier Augen kann sich herausstellen, dass sie Angst haben, sich vor der Klasse zu produzieren. Angst wird nicht gern zugegeben, mangelndes Interesse oft vorgeschoben. Schüler können ermutigt werden, ihre Ängste wahrzunehmen, indem man Gefühle zum Thema im Unterricht macht. In gleicher Weise werden auch andere Gefühle wie Ärger, Sympathie, Wut und Trauer häufig nicht erkannt. Gefühle wahrzunehmen ist aber eine wichtige Voraussetzung dafür, mit ihnen angemessen und verantwortungsvoll umgehen zu können.

Schlage ich einen Wunsch ab, weil ich ihn nicht erfüllen kann (Sachzwang) oder weil ich ihn aus Antipathie nicht erfüllen will? Wenn mir meine Abneigung gegen eine andere Person bewusst ist, kann ich entscheiden, ob mein Handeln gerecht ist.

Die Schüler und Schülerinnen müssen ebenso lernen, zwischen Gefühl und Handlung zu trennen. Für sein Gefühl ist der Einzelne nur bedingt verantwortlich, wohl aber für seine Handlung: Die plötzliche Wut auf den, der mich beleidigt hat, ist nicht zu verurteilen, wohl aber der Faustschlag in seine Magengrube. Das ist für Kinder und Jugendliche meist eine neue Erkenntnis. Oft genug haben sie in Elternhaus, Kirche und Schule gehört, dass man sich für „schlechte" Gefühle schämen und schuldig fühlen müsse. Ursachen für diese Defizite in der Gefühlswahrnehmung oder für die Verdrängung von Gefühlen können sein:

1. Bestimmte Gefühle werden – gerade bei Kindern – abgewertet: Z. B. soll man nicht neidisch sein, ist es aber in bestimmten Situationen eben doch.

2. Oft wird die Komplexität von Gefühlen negiert. „Magst du deine kleine Schwester denn nicht?", fragen die Eltern ihr Kind, wenn es die Schwester nicht spazieren fahren will. Wie soll ein Kind hier antworten? Einerseits mag es seine Schwester, andererseits mag es jetzt lieber mit der Freundin spielen. (Oder es möchte die Schokolade nicht mit ihr teilen oder fühlt sich benachteiligt usw.)

3. Gefühle zu haben kann verbreiteten Rollenerwartungen entgegen stehen: Jungen dürfen keine Angst haben, Jungen sind „cool".

4. Gefühle zu haben kann Nachteile bringen: Wenn ich z. B. jemanden liebe, begebe ich mich in eine Abhängigkeit. Wenn ein Gegner um meine Angst weiß, fühlt er sich stärker.

5. Und schließlich negieren häufig die Medien wie das Fernsehen, Kino, Video und die Groschenromane in ihren Geschichten viele Gefühle. Z. B. empfindet der Held auch im Anblick größter Gefahr keine Angst, sondern reagiert rational, überlegen, manchmal übermenschlich.

Gefühle sind in der Familie und im Freundeskreis oft aus den oben genannten Gründen kaum ein Thema. Wenn kein Gespräch darüber stattfindet, gibt es aber auch keine Reflexion. Gefühle bei sich selbst wahrzunehmen ist nur der erste Schritt. Die Gefühle der anderen einzuschätzen ist der zweite Schritt,

- um sich in andere Personen einzufühlen,
- um mit ihnen mitzufühlen,
- um mit ihnen angemessen zu kommunizieren,
- um sich für sie einzusetzen.

Dabei ist eine ganze Reihe von Schwierigkeiten zu bedenken. Nicht nur die Komplexität der Gefühle ist zu berücksichtigen, sondern auch das Problem, aus Worten, aus der Körpersprache und aus Handlungen die Emotionen zu erkennen. Die Vieldeutigkeit des Ausdrucks und die Irrtumsmöglichkeiten muss den Schüler.nnen und Schülern bewusst werden. „Das hat der doch nur gemacht, weil er so neidisch ist." Dieser Satz zeigt, wie schnell geurteilt wird (und wie falsch man damit liegen kann).

Oft ist nicht bewusst, dass Gefühle fast immer Zwischenwerte sind und nicht einfach nur der Gefrier- oder Siedepunkt. Mehr als die (beabsichtigte) Erziehung bewirkt die (ständige und unbeabsichtigte) Sozialisation durch Menschen und Medien, dass durch Vereinfachungen Gefühle nur in extremen und unrealistischen Ausprägungen wahrgenommen werden. „Liebe" zu einem Partner kann irgendwo angesiedelt sein zwischen Freundlichkeit und bedingungsloser Hingabe, „Freundschaft" zwischen Unverbindlichkeit und Nibelungentreue, „Angst" zwischen Aufgeregtheit und Panikattacke.

2.2 Gefühle im Unterricht thematisieren?

Erfahrungsgemäß bestehen in der Klasse große Hemmungen, eigene Gefühle zu äußern, wenn damit eine Schwäche offen gelegt wird, die andere ausnutzen könnten. Es sind jedoch genau diese Gefühle, die unser Handeln bestimmen und die, wenn sie offen besprochen werden können, ein Klima des Vertrauens und gegenseitigen Verstehens in der Gruppe erzeugen.

Wir raten davon ab, mit tiefer gehenden eigenen Emotionen zu beginnen (wie beispielsweise Hemmungen und Ängsten in der Klasse), weil die Widerstände dagegen auf Seiten der Schülerinnen und Schüler am Anfang sehr groß sind. Zu einem späteren Zeitpunkt, wenn das Werkzeug zur Betrachtung der Gefühle geschaffen ist, wenn klar ist, dass man keine individuelle Schwäche offenbart und dass es anderen ähnlich ergeht, wird es leichter. Die Einzelnen erkennen, dass es ein Zeichen der Stärke ist, seine Gefühle zu benennen, und dass die Beziehungen an Tiefe und Stärke gewinnen.

▲ Abb. 1a

▲ Abb. 1b

▲ **Abb. 2**

Ein Unterrichtsbeispiel

Im ersten Schritt geht es darum, die Gefühle anderer zu erfassen, im zweiten um die Identifikation mit anderen. Dabei werden die Ergebnisse des ersten Schrittes wiederholt und vertieft. Eine der von uns erprobten Möglichkeiten ist die Arbeit mit einer Fotografie. Eine Anmerkung zum Foto: Es enthält keine Aussage über die Sozialbeziehungen und Verhaltensweisen der Jugendlichen zueinander. Die Konstellation regt die Fantasie an, die Schüler bringen ihre Erfahrungen und Meinungen ein.

Anhand eines der beiden Fotos sollten sich die Schüler und Schülerinnen mit der Situation auseinander setzen und Möglichkeiten herausfinden, was die auf dem Bild gezeigten Personen denken und fühlen könnten. Sie sollen sich überlegen, wie sie ihre Ergebnisse der Klasse präsentieren können. In einer abschließenden Auswertung sollen von der Lehrkraft andere wichtige Aspekte im Gespräch ergänzt werden.

Wenn Zeit zur Verfügung steht, können die Schüler und

Schülerinnen angeregt werden, von ihren Erfahrungen in früheren Gruppen oder Klassen zu berichten. Das ist ein Zwischenschritt auf dem Weg zum Sich-Öffnen: Einerseits sprechen die Schüler nicht mehr über fiktive und unbekannte Personen, andererseits wird mit den Berichten aus der Vergangenheit nicht das sensible Thema der Beziehungen innerhalb der Lerngruppe angegangen. Im Folgenden werden die Ergebnisse des Unterrichts einer unserer Klassen vorgestellt.

1. Unterrichtstag: Im ersten Arbeitsauftrag sollen sich die Schüler überlegen, was der allein sitzende Junge (Abb. 1a oder 1b) fühlen und denken könnte. Dazu wurde die Klasse in sieben Dreier- bzw. Vierergruppen aufgeteilt. Die Tabelle 1 entstand erst nach dem Vortrag der Gruppen für die Ergebnissicherung (die Spaltenüberschriften stammen vom Lehrer), deshalb sind nicht alle Felder ausgefüllt.

2. Unterrichtstag: Eine Diskussion der Ergebnisse folgte am nächsten Unterrichtstag unter der Fragestellung: „Welche Gruppe hat die richtigen Ergebnisse gefunden?" Die Erkenntnisse der Diskussionsrunde wurden an der Tafel zusammengefasst:

- Es gibt nicht die richtige Lösung.
- Gefühle spielen sich im Innern des Menschen ab und sind meistens nicht leicht zu erkennen.
- Man erschließt Gefühle eines anderen, indem man sich in ihn hineinversetzt. Dabei fließen eigene Erfahrungen ein, so dass die Gefahr des Irrtums besteht.
- Manche Gefühle werden verborgen (z. B. Angst, Liebe, Neid).
- Manche Gefühle werden vorgetäuscht (z. B. Freude, Dankbarkeit).
- Manchmal hat man auch mehrere Gefühle gleichzeitig (z. B. Traurigkeit und Wut).
- Verschiedene Menschen können in derselben Situation unterschiedliche Gefühle haben (z. B. einer hat Angst, ein anderer nicht).

▼ **Tab. 1:** Was fühlen die Personen auf dem Bild, der allein sitzende Schüler

Gruppe	vermutete Gefühle	erkennbar an ...	Alternativen
1	Er fühlt sich ausgeschlossen, ist traurig		Er will allein sein
2	Er fühlt sich ausgeschlossen und hat kein Zugehörigkeitsgefühl; er ist traurig	„ausgeschlossen" am Abstand zu den anderen erkennbar	
3	Er fühlt sich ausgeschlossen und ist traurig, weil ...		
4	Der Ausländer ist zu cool, um mit den Deutschen etwas zu machen.		
5	Er fühlt sich von den anderen ausgeschlossen.		
6	Er ist arrogant.	Das merkt man an seinem Blick.	Vielleicht ist er auch traurig.
7	Er ist traurig, weil ...		Vielleicht will er auch nicht mit den anderen zusammen sein, ...

Ursache des Gefühls	Folge des Gefühls	Folge der Folge
hat andere Probleme (z. B. familiärer Art)		
... weil keiner mit ihm arbeiten will.		
	Er fragt sich, warum er ausgeschlossen wird, eventuell zweifelt er an sich.	Frustration: Schule macht ihm keinen Spaß mehr, jeder Schultag ist eine Qual; weniger Schulerfolg führt zu Hassgefühlen
Der Ausländer wird ausgeschlossen. Oder er schließt sich selber aus.		
... weil er nicht zu der Gruppe gehört.	Evtl. beschädigtes Ego: „Bin ich so blöd? Bin ich so schlecht?"	Evtl. ist er verärgert oder sauer

▲ Abb. 3

3. Unterrichtstag: Szenische Darstellung: Gefühle der anderen Jugendlichen auf dem Foto

Die Schüler erhielten den Auftrag, eine kleine Szene zur Frage zu entwerfen, was die Jugendlichen sagen und tun könnten. Es gab nur die Vorgabe, dass die Szenen danach vorgespielt werden sollten. (Wer dies auf gar keinen Fall wollte, musste jedoch nicht vorspielen.)

Die Schüler waren sehr schnell am Thema. Manche Gruppen schrieben die Dialoge Wort für Wort auf, andere machten nur Stichpunkte (die Szenen sind in Tab. 2 zusammen gestellt).

Fünf Gruppen wollten vorspielen, zwei Gruppen gaben nur ihre schriftlich formulierten Dialoge ab und wollten nicht präsentieren. Die Vorstellung erfolgte an einem gesonderten Tisch im Klassenraum. Manche spielten frei, manche lasen ihren Text vom Blatt ab.

Nach jeder Szene gab es eine Diskussion. Zunächst äußerten sich die Akteure, und zwar auf zwei Ebenen:

a. was der Schüler in seiner Rolle jetzt denkt und fühlt. Dazu äußersten sich die Schüler, wie folgt:

„Ich kann hundertmal im Recht sein, gegen die Mehrheit habe ich keine Chance."

„Denen geht es gar nicht darum, was wahr ist, sondern nur darum, mich fertig zu machen."

„Cool, wie der Schiss hat."

„Wir bestimmen hier, was Sache ist."

b. was der Schüler über seine Rollengestaltung denkt und fühlt. Dazu die Äußerungen der Schüler

„So fies möchte ich in Wirklichkeit nicht sein."

„Das kann jedem passieren, dass er in die Außenseiterrolle kommt. Dann geht's ihm schlecht."

„Wenn das zu mir einer sagen würde, was ich zu dem gesagt habe, dem würde ich in die Fresse hauen."

„So sind die Leute in Wirklichkeit."

Nach dem Durchgang, was die Schauspieler meinten, kamen die Zuschauer zu Wort. Dadurch wurden die Erkenntnisse der letzten Gruppenarbeit vertieft, typisches Gruppenverhalten wurde nachgespielt und die Gefühle der Einzelnen herausgearbeitet, die Verhaltensweisen bewertet und in einem Einzelfall wurden auch schon Alternativen genannt („Wenn ich in der Lage gewesen wäre, ich hätte ...").

Bevor wir uns als Lehrkräfte für dieses Vorgehen in dieser Klasse entschieden hatten, arbeiteten wir andere Möglichkeiten aus, um die Empathie und das Wissen der Schüler über die Gefühle zu fördern.

▼ **Tab. 2:** Die Präsentation der Szenen

Szene	Inhalt	Gefühle
1	Zwei deutsche Schüler fordern einen ausländischen Schüler auf, bei ihnen mitzuarbeiten. Er lehnt es mit beleidigenden Worten ab, worauf die beiden anderen noch schlimmere Schimpfwörter gegen ihn benutzen.	Zuerst positive Einstellung der beiden (allerdings etwas herablassend formuliert). Auf aggressive Reaktion des Einzelnen folgen gesteigerte Aggressionen der beiden Deutschen.
2	Drei Jugendliche (Anhänger des Fußballvereins Leverkusen) unterhalten sich über Fußball und sprechen sehr verletzend über einen nicht anwesenden Jungen (Anhänger von Eintracht Frankfurt): Der Eintracht-Fan sei doof, er stinke, er habe kein Geld für ein Trikot und für eine Eintrittskarte, er sei ein „Asi".	Sie fühlen sich wohl in ihrer Übereinstimmung und bestärken sich ständig darin (gegen den Fußballverein Eintracht und gegen den nicht anwesenden Jugendlichen).
3	Vier vorurteilsbehaftete „Deutsche" (in Wirklichkeit ein Deutscher und drei Ausländer) lästern über einen nicht anwesenden Ausländer: Er sei nur hinter den Mädchen her, er wolle nicht arbeiten, er beziehe Sozialhilfe. Dann Verallgemeinerung: „Ausländer sind Schweine!"	– gutes Gefühl der Übereinstimmung und des Zusammenhaltens in der Gruppe – gegenüber Ausländern: Verachtung
4	Drei Schüler diskutieren lebhaft über ein Arbeitsblatt. Ein vierter Schüler sitzt abseits und schaut zu ihnen hin. Dann tritt er hinzu und fragt höflich: „Entschuldigt bitte …" Die anderen reagieren	Die drei fühlen sich in ihrer Gruppe wohl. Ihre plötzliche Aggression gegen den Vierten ist ohne erkennbaren Grund.

	sofort aggressiv abweisend. Er zieht sich entschuldigend zurück.	Der vierte Schüler ist erschreckt über ihr Verhalten.
5	Eine Gruppe von drei Schülern arbeitet an einer Aufgabe; es wird kontrovers diskutiert, ob ein vierter (nicht anwesender) Schüler zur Gruppenarbeit eingeladen werden soll. Verschiedene Meinungen dazu.	– Schüler J. findet den Vierten sympathisch, hat Mitleid. – Schüler M. kann den Vierten nicht leiden. – Schüler D. enthält sich einer Stellungnahme.

Weitere Zugangsmöglichkeiten

Dazu geben wir unterschiedliche Situationen vor und fragen danach: Welche Gefühle haben diese Personen?

Situation 1 (Foto, Zeichnung, Standbild …): 4 bis 5 Schüler und Schülerinnen sitzen und stehen jubelnd um einen Tisch, in der Hand hält jede(r) ein Zeugnis oder ein Klassenarbeitsheft. Der Nachbartisch ist frei. Am übernächsten Tisch sitzt ein einzelner Schüler, den Blick geradeaus gerichtet, vor ihm auf dem Tisch ein umgedrehtes Zeugnis (oder eine Klassenarbeit).

Situation 2: An der Tür steht „Bitte Ruhe! Prüfung". Ein Lehrer hat die eine Hand an der Türklinke, mit der anderen fasst er einen Schüler am Oberarm, der auf die Tür zugeht. Die Gesichter sind ohne erkennbaren Ausdruck.

Situation 3: Eine Schülerin oder ein Schüler sitzt in einem prestigeträchtigen Auto, den linken Arm angewinkelt aus dem geöffneten Fenster. Gesicht ohne Ausdruck. Vom Bürgersteig aus sieht ihr (ihm) ein junger Mann (eine junge Frau) zu.

Situation 4: Ein Junge oder ein Mädchen steht auf dem Sprungbrett eines Schwimmbades und schaut in das Wasser hinab. Gesicht ohne Ausdruck.

▲ **Abb. 4**

Situation 5 (Videosequenz): Am Tisch in einer Gaststätte sitzen vier Jungen und ein Mädchen (A). Alle sind ähnlich gekleidet, tragen Jeans und ein unauffälliges Hemd. Sie unterhalten sich angeregt. Was sie sagen, ist wegen der lauten Musik nicht zu verstehen. Plötzlich geht am Tisch ein Mädchen (B) mit aufreizendem Outfit vorbei. Die Jungen drehen sich sofort zu ihr hin, rufen ihr Scherzhaftes zu und sind sehr engagiert, worüber sich das Mädchen (B) sehr amüsiert. Das Mädchen (A) am Tisch lächelt zurückhaltend und grüßt sie mit leichtem Kopfnicken.

Situation 6: Ein Junge im Judoanzug liegt auf einer Matte auf dem Rücken. Auf seinem Bauch sitzt ein Mädchen, ebenfalls im Judoanzug und drückt seine Handgelenke auf den Boden. Beide Gesichter sind ernst. Drei Judokas stehen dabei und lachen.

Situation 7: Zwei Jungen mit hassverzerrten Gesichtern packen sich gegenseitig an den Haaren und an der Kleidung.

Situation 8: Ein Liebespärchen steht eng umschlungen an die Schultafel gelehnt. Daneben steht mit ausdruckslosem Gesicht ein Junge oder ein Mädchen und schaut geradeaus.

Bei all diesen Situationen kam es uns darauf an, dass nicht viel vorgegeben wurde (z. B. durch die ausdruckslosen Gesichter), um den eigenen Erfahrungen der Schüler und Schülerinnen und den Interpretationen breiten Spielraum zu lassen. Die Diskussion der Schüler untereinander bringt im Vergleich der Meinungen neue Erkenntnisse, weil sie es normalerweise nicht gewohnt sind, so eingehend über Gefühle zu sprechen. Das Wichtigste ist eine gute Moderation durch die Lehrkraft, damit die in Kapitel 2.1 genannten Aussagen herausgearbeitet werden können.

Eine andere Möglichkeit ist es, kurze Szenen schriftlich vorzugeben, die die Schüler zum Nachdenken veranlassen und eine Vielzahl von Ursachen und Gefühlen zulassen.

Szene 1: „Wer kommt mal an die Tafel zum Vorrechnen?" (Der Lehrer schaut einen Schüler an, der sich meldet.) „Ich kenne Ihre Namen noch nicht. Sie da mit dem kleinen Oberlippenbärtchen!" Der Schüler legt den Kopf auf den Tisch und sagt kein Wort mehr.

Szene 2: Schüler: „Du bist ja heute nicht gerade gut drauf!?" Die angesprochene Schülerin rennt aus dem Raum und knallt die Tür hinter sich zu.

Solche Szenen können gut in Vierer- oder Fünfergruppen besprochen werden. Zunächst soll jeder spontan sagen, wie er das Verhalten findet. In der weiteren Erörterung zeigt sich dann eine Vielfalt von Möglichkeiten an Gefühlen. Dadurch wird der Eindimensionalität und dem schnellen (Vor-)Urteil entgegengewirkt. Was das tatsächliche Gefühl ist und was die nicht bekannten Hintergründe für eine solche Reaktion sind, dies kann – das erkennt die Gruppe schnell – nur durch ein Gespräch geklärt werden.

2.3 Das „Innere Team"

Eine andere gute Möglichkeit, mit der die Schülerinnen und Schüler Zugang zu ihren Gefühlen, Ursachen und Motiven für ihre Handlungen finden können, ist das Modell „Das Innere Team" von Schulz von Thun. Damit kann verdeutlicht werden, wie die von außen als monolithisch gesehene Äußerung einer Person in Wirklichkeit das Ergebnis widersprüchlicher Gedanken, Gefühle und Einstellungen ist. Wichtiger ist aber die darauf aufbauende Möglichkeit, den Diskussionsprozess des „Inneren Teams" zu gestalten und zu besseren Meinungsäußerungen und Handlungen zu kommen.

Wir wollen das an einem Beispiel veranschaulichen: Der allein sitzende Schüler (auf dem Foto, siehe Abb. 1a oder 1b) sagt zu einem aus der Gruppe, den er auf dem Gang trifft: „Ich mach' jetzt bei euch mit." Der angesprochene Junge antwortet: „Wir sind schon zu viert." Seine Ablehnung scheint ganz eindeutig. Dennoch könnte es in ihm ein „Inneres Team" geben mit folgenden Mitgliedern:

- Der „Gruppenmensch" möchte in seiner Gruppe anerkannt und beliebt sein. Auf keinen Fall möchte er die Freundschaft seiner Kameraden riskieren. Deshalb antwortet er im Sinne der Gruppe oder so, wie er meint, dass es Gruppenkonsens sei. Diese Stimme sagt: „Ich will dich nicht dabei haben, weil die Gruppe das nicht will."
- Der „Fremdenfeindliche" hat Angst vor der angeblichen Unberechenbarkeit von Ausländern und lehnt deshalb dessen Wunsch nach Mitarbeit ab. „Ein Ausländer kann bei uns nicht mitarbeiten."
- Der „Mitfühlende" hat Mitleid mit dem Ausgegrenzten, weil er selbst nicht in dieser Rolle sein möchte. Diese Stimme sagt: „Du darfst bei uns mitarbeiten."
- Der „Moralische" hält es für verwerflich, bei jemandem, der um Aufnahme bittet, nicht in die ausgestreckte Hand einzuschlagen. Diese Stimme sagt: „Natürlich kommst du zu uns."

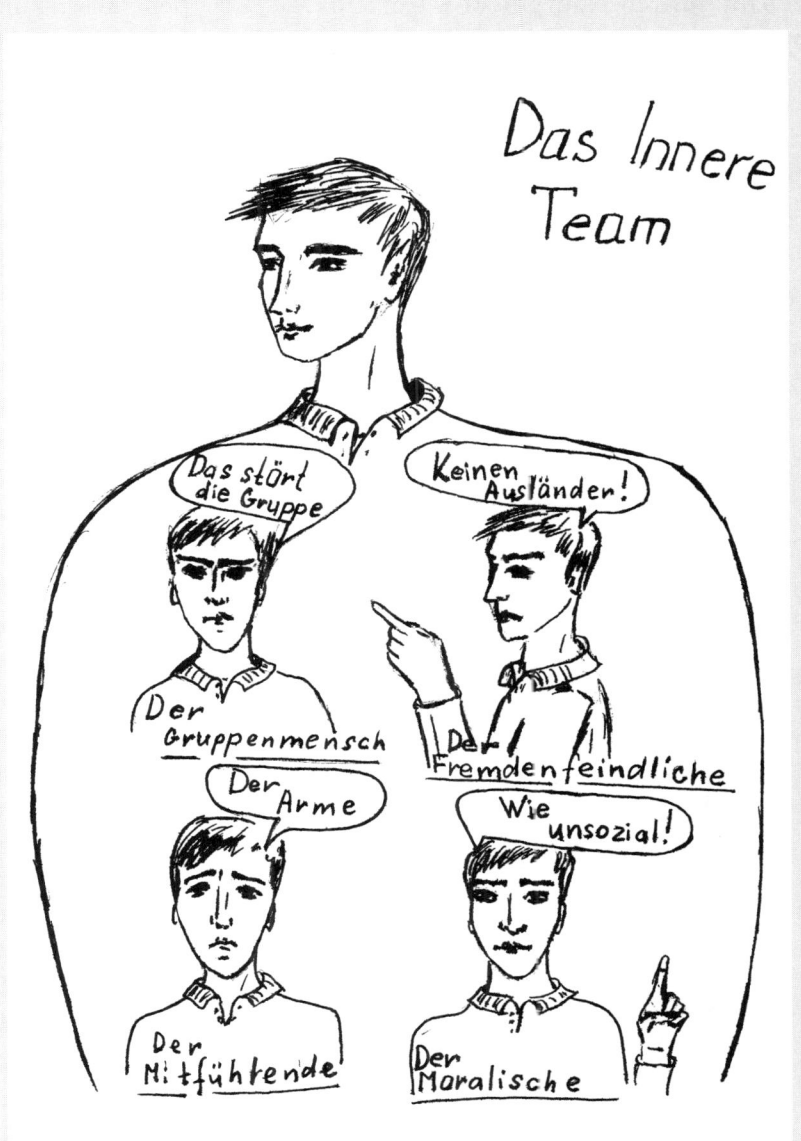

Im Inneren Team gibt es Allianzen. Der „Gruppenmensch" und der „Fremdenfeindliche" stehen zusammen, ebenso der „Mitfühlende" und der „Moralische". Aber die laute und schnelle Stimme des Gruppenmenschen gibt die Antwort, die vielleicht ein wenig durch den Mitfühlenden gemildert wird, der nicht direkt verletzen will, so dass das Sachargument („Unsere Gruppe ist voll") vorgeschoben wird. Vielleicht gibt es im Inneren Team auch die Stimme des „Ängstlichen", der eine Konfrontation vermeiden will und deshalb den Eindruck der persönlichen Abneigung verbergen möchte.

Die leisen und langsamen Mitglieder des Inneren Teams können sich jedoch als hartnäckige Spätmelder erweisen und den Abweisenden mit Selbstvorwürfen quälen: „Wie konnte ich nur so feige und gemein sein!" Dadurch kann nicht nur die Laune verdorben werden, sondern es können sich auch tiefer greifende Störungen des Selbstwertgefühls einstellen.

Wer jedoch um sein Inneres Team Bescheid weiß, kann mit sich und seinem Inneren Team zu Rate gehen. In diesem Beispiel könnte der Schüler erkennen, dass er die Stillen im Team von Anfang an hören und einen tragfähigen Kompromiss suchen muss. Er könnte zum Beispiel, anstatt abzusagen, erklären, dass er den Wunsch, mitzuarbeiten, innerhalb seiner Gruppe erörtern will, um Zeit zu gewinnen und mit seinem Inneren Team abzuklären, wie er wirklich handeln will.

Dieses Modell des Inneren Teams kann den Kindern und Jugendlichen vermittelt werden, damit sie mit sich selbst ins Reine kommen. Es gibt uns zugleich die Hoffnung, dass das von uns als störend wahrgenommene Sozialverhalten eines Schülers nicht „den Charakter schlechthin" zeigt, sondern nur eine Entscheidung seines Inneren Teams darstellt, die vorläufig ist und die Stimmen mit einer positiven Grundstimmung enthalten, die noch nicht zur Geltung kommen, aber unterstützt werden können, damit sie bald die Oberhand gewinnen.

2.4 Die Ambiguitätstoleranz

Zum Umgang mit Gefühlen gehört außer der Einfühlung (Empathie) auch das Ertragen des Andersseins (Ambiguitätstoleranz). Kinder und Jugendliche können lernen, andere Menschen zu akzeptieren, in die sie sich nicht einfühlen können. Gründe dafür, dass es nicht gelingt, sich in andere einzufühlen, können eine grundsätzlich andere Weltanschauung, eine bestimmte Form von Erkrankung oder nicht nachvollziehbare Verhaltensweisen sein. Dass Toleranz dort ihre Grenzen hat, wo es um sozial schädliches Verhalten geht und wo die Menschenrechte missachtet werden, soll natürlich nicht in Zweifel gezogen werden.

Im Alltag unserer Schülerinnen und Schüler sind es meistens ganz banale Dinge, die dazu führen, dass eine Mehrheit sich nicht mit einem Einzelnen identifizieren kann: Einer kann sein ständiges Grinsen nicht ablegen, ein anderer verströmt unablässig Körpergeruch, ein Dritter geht allen mit seinen häufigen altklugen Kommentaren auf die Nerven, einem Vierten gefällt eine Musikrichtung, die alle in der Klasse verachten u. a. m.

Wenn keine Empathie möglich ist, sind die Kinder und Jugendlichen häufig der Ansicht, dass Ablehnung, Herabsetzung und Ausgrenzung nicht nur erlaubt seien, sondern dass dies die übliche und angemessene Form des Umgangs mit anderen sei. In der Tat können sie täglich erleben, wie Erwachsene über andere, die „irgendwie komisch" sind, herziehen.

Zu unseren Aufgaben als Lehrkräfte gehört es aber, den Schülerinnen und Schülern bewusst zu machen, dass derjenige, der nicht den Normen entspricht, nicht ausgegrenzt werden darf:

■ Jedes Mitglied der Gruppe ist so anzunehmen, wie es ist. Die Grenze der Toleranz ist aber erreicht, wenn sich das Mitglied sozial schädigend verhält. Die Gruppe muss den Einzelnen achten und darf keinen Druck ausüben, um eine Anpassung an die Gruppennorm zu erzwingen. Dem steht nicht entgegen, dass das Verhalten eines Einzelnen kritisiert und andere Meinungen vertreten werden.

- Die Norm, gegen die ein Einzelner verstößt, ist eine spezifische Gruppennorm für genau diese Gruppe und genau diesen Zeitpunkt. Sie ist nicht über jede Kritik erhaben, auch wenn sich die Mehrheit gegenseitig (unbewusst) bestätigt, dass jede andere Ansicht schlecht sei.
- Ein Klima in der Gruppe, in dem die Einzelnen akzeptiert werden können, wirkt sich positiv auf alle Mitglieder der Gruppe aus. Manchmal ist das abweichende Verhalten eines Einzelnen auch die Folge von sozialem Stress, den er in anderen Gruppen erlebt hat. Eine gute Gruppenatmosphäre kann jedoch auf Dauer bewirken, dass die zwanghaften Handlungsstereotype sich deutlich verringern oder völlig ausbleiben.

Die Gruppenstruktur wird in Kap. 4 eingehender erläutert und Übungen zu einem besseren Umgang mit abweichenden Gruppenmitgliedern werden in Kap. 5 vorgeschlagen.

3 Kommunikation – wie wir miteinander reden

Wie erkenne ich, wann es angemessen ist einzugreifen und, vor allem, auf welche Art und Weise? Bin ich dazu überhaupt in der Lage, blamiere ich mich nicht eher? Oder wird dadurch nicht alles noch viel schlimmer? Um Antworten zu finden, ist die Auseinandersetzung mit der Bedeutung der zwischenmenschlichen Kommunikation unumgänglich. Sollen die Kinder und Jugendlichen in der Lage sein, Zivilcourage zu zeigen, gewinnt die Verbesserung der Kommunikationsfähigkeit auf zwei Ebenen an Bedeutung: Zum einen können zwischenmenschliche Konflikte prophylaktisch verringert werden, zum anderen fällt es den Schülern leichter, in schwierigen Situationen angemessen zu reagieren.

Wenn Menschen in Beziehung treten, teilen sie sich immer mit, indem sie reden oder schweigen, aktiv oder passiv sind usw. Dies geschieht komplex und differenziert zugleich. Gerade deshalb können wir oft gar nicht nachvollziehen, weshalb es zu Konflikten kommt und welchen Anteil wir selbst an Kommunikationsproblemen haben. Beobachtet man als Erwachsener das Verhalten von Kindern oder Jugendlichen, fragt man sich oft, warum es ihnen so schwer fällt, in angemessener Weise miteinander zu kommunizieren, d. h. sich selbst mitzuteilen, Gespräche zu führen und dabei den anderen nicht zu verletzen.

Dieses Kapitel soll zum einen verstehen helfen, wieso wir uns oft missverstehen, und hierzu anhand verschiedener Modelle Erklärungsansätze liefern. Zum anderen soll anhand eines Unterrichtskonzepts und einzelner Übungen die Kommunikationsfähigkeit der Schüler gefördert werden.

3.1 Die Unterrichtssequenz zur Kommunikation

Für die Unterrichtssequenz schlagen wir drei verschiedene Modelle vor. Um die Möglichkeiten der Kommunikation sowie Verständigungsprobleme, die zwischen Personen entstehen, zu verstehen, vermitteln wir den Schülerinnen und Schülern das *Sender-Empfänger-Modell*. Die verschiedenen Aspekte der Kommunikation lassen sich gut mit dem Erklärungsansatz von *Schulz von Thun* bewusst machen. Und schließlich übt die Klasse das aktive Zuhören nach *Thomas Gordon* zur Verbesserung der eigenen Kommunikationsfähigkeit. Die einzelnen Übungen der Unterrichtsreihe zur Kommunikation sollte die Lehrkraft an die Voraussetzungen der Klasse anpassen.

Das Interaktionsspiel „Faxen" als Einstieg: Bei den Jugendlichen fehlt häufig das Bewusstsein, was überhaupt unter Kommunikation zu verstehen ist und dass bereits der Kontakt zu anderen ein Teil der Kommunikation ist, auch wenn man noch nicht miteinander redet. Um dies zu verdeutlichen, empfehlen wir, diese Unterrichtssequenz mit dem Interaktionsspiel „Faxen" zu beginnen. Dieser spielerische Einstieg soll die Aktivität und Motivation der Schüler, sich auf das Thema einzulassen, erhöhen.

Die Schüler müssen taktil kommunizieren, aber auch in der Gruppe kooperieren, um die vorgegebenen Informationen (z. B. eine einfache Zeichnung) weiterzugeben. Die Schüler werden in vier Gruppen eingeteilt und müssen sich in einer Reihe der Tafel zugewendet aufstellen. Die erste Person in der Reihe bekommt die Zeichnung gezeigt und muss diese mit den Fingern auf den Rücken des Vordermannes zeichnen. Dieser wiederholt das Vorgehen usw. Der Letzte in der Reihe zeichnet die Linien, die er auf seinem Rücken gespürt hat, an die Tafel. Während des Spiels darf nicht gesprochen werden. Die Gruppe, die das genaueste Bild an die Tafel zeichnet und am schnellsten arbeitet, gewinnt.

Aufgrund der eingeschränkten Art der Kommunikation werden sich Informationsverluste ergeben. Die Differenz der gezeichneten Bilder zu den Originalen und die Unterschiedlichkeit der einzelnen Gruppenergebnisse soll den Schülern bewusst gemacht werden. Nach dem Spiel sollen die Schüler zur Frage: „War das Kommunikation?" Stellung beziehen, und zwar örtlich, nicht verbal. Dazu wird ein Plakat, auf dem die Frage steht, auf den Boden gelegt. Je näher sich ein Schüler zur Frage bzw. zum Plakat stellt, umso mehr handelt es sich nach seiner Ansicht um einen Kommunikationsvorgang. Jeder Schüler wird dadurch aufgefordert, sich Gedanken über sein Verständnis von Kommunikation zu machen. Durch eine kurze Blitzlichtrunde sollen die Schüler zudem ihre Entscheidung begründen.

Nach diesem Einstieg in das Thema beginnt die nächste Unterrichtsphase mit einem Impulsvortrag zum dialogischen Kommunikationsmodell, das so genannte „Sender-Empfänger-Modell".

3.2 Das Sender-Empfänger-Modell

Das dialogische Kommunikationsmodell (s. Abb. 6) veranschaulicht auf einfache Weise, wie Kommunikation funktioniert. Kommunikation ist ein Austausch von Informationen

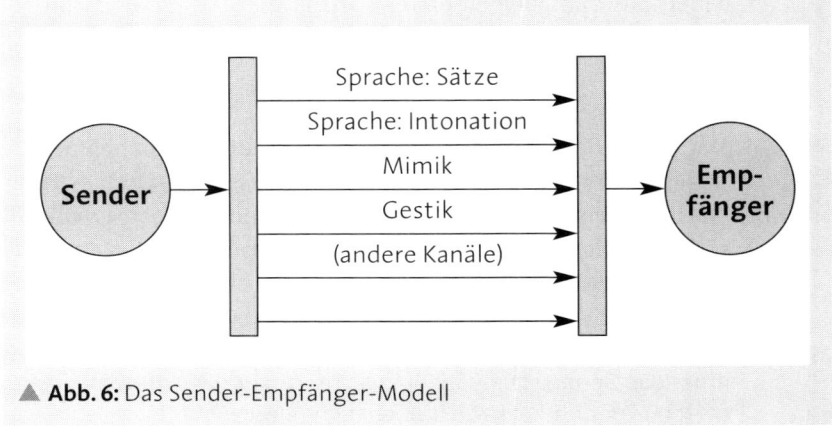

▲ **Abb. 6:** Das Sender-Empfänger-Modell

und deren Verarbeitung. Dabei wird zwischen dem Sender und dem Empfänger unterschieden. Der Sender verschlüsselt eine Botschaft und sendet sie an den Empfänger. Der Empfänger entschlüsselt diese Botschaft.

An den einzelnen Stellen des Modells können Informationsverfälschungen auftreten. So tragen unterschiedliche Faktoren (z. b. Filterprozesse durch Einstellungen, Erwartungen oder Vorurteile, Verfälschung durch Kodierung und Dekodierung) zu Missverständnissen bzw. zum Nichtverstehen zwischen dem Sender und dem Empfänger bei.

Um das geringere Abstraktionsvermögen der Schüler zu berücksichtigen, sollte die Lehrkraft Inhalte stark vereinfachen und die Erfahrungen der Schüler einbeziehen, z. b. auf das Einstiegsspiel „Faxen" Bezug nehmen. Die bedeutende Unterscheidung zwischen Sender und Empfänger kann durch eine kurze Konnotationsübung verdeutlicht werden. Dazu die folgenden kurze Übung:

Auf ausgewählte Begriffe wie Nacht, Sonne, Schule usw. sollen die Schüler durch spontane Zurufe ihre Meinung äußerr und sagen, was sie mit den genannten Begriffen verbinden. Mit einem Begriff werden unterschiedliche Vorstellungen verbunden, das wird bei der Übung recht schnell klar. Wichtig ist nicht nur, was der Sender mit dem Gesagten ausdrücken will, sondern besonders das, was beim Empfänger ankommt bzw. was er darunter versteht.

Die Informationsverlusttreppe: Um das dialogische Sender-Empfänger-Modell zu vertiefen bzw. in einem ersten Schritt die vielfältigen Ursachen für Missverständnisse zwischen Sender und Empfänger nachvollziehbar zu machen, bietet es sich an, die so genannte „Informationsverlusttreppe" zu nutzen. Folgendes kennzeichnet die Treppe:

Das Gedachte ist nicht immer das Gesagte, das Gesagte nicht immer das Gehörte, das Gehörte nicht immer das Verstandene. Was man verstanden hat, ist noch nicht angewendet.

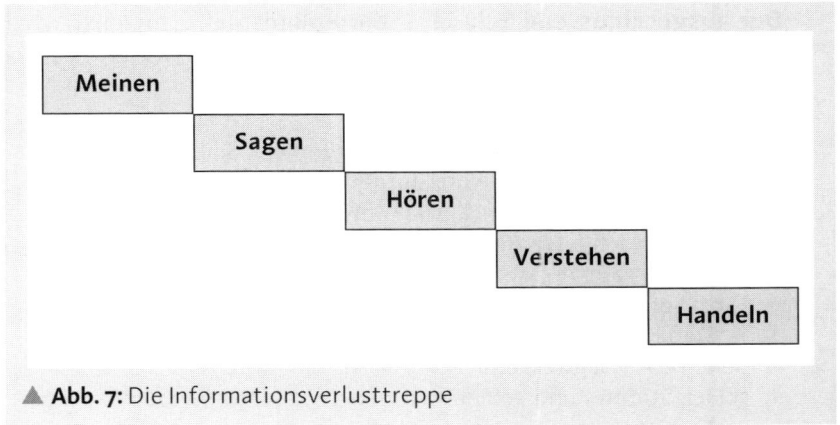

▲ **Abb. 7:** Die Informationsverlusttreppe

Den Schülern wird dieses Modell anhand der Grafik (Abb. 7) vorgestellt. Dabei ist es wichtig, Schritt für Schritt die einzelnen Teilsätze zu erklären und mit Beispielen zu untermauern. Warum sagt man nicht alles, was man denkt, hört man nicht alles, was gesagt wird, versteht man nicht alles, was gehört wurde und handelt oft anders? Den Schülern sollte Zeit zur Verinnerlichung gewährt werden, um an eigenen Erfahrungen anknüpfen zu können.

Die Schüler sollen mithilfe der Kartenabfrage in der Kleingruppe weitere Erklärungen finden, warum es zu Informationsverlusten zwischen Sender und Empfänger kommt und ihre eigenen Erfahrungen einbringen. Die Ergebnisse können auf einer Wandzeitung gesammelt und reflektiert werden. Die Nennungen der Schüler umfassen nicht nur Einflussfaktoren für das Nichtverstehen, die im direkten zwischenmenschlichen Umgang liegen, sondern auch solche, die andere Ursachen haben können (z. B. Lautstärke, verschiedene Sprachen). In der Auswertungsphase liegt es an der Lehrkraft, das Gespräch zu steuern und die für das Thema „Zivilcourage" angeführten Aspekte (z. B. Vorurteile, andere Meinung) aufzugreifen.

Die für die Schüler abstrakten Ursachen für die Kommunikationsprobleme sollen in einer Übungssituation konkretisiert und selbst erfahren werden.

Der ausgeschlossene Schüler – ein Rollenspiel: Zunächst wird für die Klasse anhand des Fotos (siehe Abb. 1a oder 1b) die Situation kurz vorgestellt.

Der ausgegrenzte Schüler A möchte von den Schülern B, C, D, E anerkannt und in ihren Kreis aufgenommen werden. Gleichzeitig hat er Angst vor der Zurückweisung, die er aber verbergen möchte. Nach Bitte der Lehrkraft, sich in Gruppen zusammenzufinden, sagt A: „Ich mach' bei euch mit." (Kommunikationskanal Sprache).

Durch seine Intonation gibt er zu verstehen, dass dies weniger eine Aussage als eine Anfrage ist. Die Aufregung, d e sich in seiner Stimme und seiner hastigen Gestik äußert, ist nicht zu verbergen. Der Empfänger, Schüler B, möchte A nicht in der Gruppe haben und deutet den Aussagesatz von A als anmaßende Feststellung. Seine Unsicherheit deutet er als unsympathischen Charakterzug.

Arbeitsauftrag für die Gruppenarbeit in der Klasse: Die Gruppen sollen sich verschiedene Möglichkeiten überlegen, wie „Ich mach bei euch mit." in Szene gesetzt werden kann (z. B. ängstlich, jubelnd, drohend, gelangweilt) und was beim Sender als ursprüngliche Absicht dahinter stehen könnte sowie mögliche Dekodierungen des Empfängers.

Beispiel „jubelnd": Der Sender freut sich, endlich nicht mehr allein arbeiten zu müssen. Der Empfänger könnte die Botschaft jedoch als Triumph dekodieren, weil er den Sender nicht dabei haben wollte, ihn aber jetzt auf Anweisung des Lehrers aufnehmen muss.

Mit der Klasse kann nun besprochen werden, ob die Aussagen nachvollziehbar sind.

Das Beispiel zeigt sehr deutlich, dass ein Unterschied entstehen kann zwischen dem, was Menschen sagen wollen, und dem, wie die Nachricht beim Gegenüber ankommt und was sie auslöst. Jeder Gesprächspartner hat eigene Vorstellungen und Annahmen, die durch seine bisherigen Erfahrungen geprägt wurden. Wir wissen also nicht, was wir beim Gegenüber „auslösen" und auf welche Empfangsgewohnheiten wir treffen.

Erst wenn wir seine Reaktion kennen, können wir uns ein Bild von seinen Empfindungen und Wahrnehmungen machen. Damit Kommunikation besser gelingt, brauchen wir die Rückmeldung von Menschen. Wenn ich mich nicht verstanden fühle, muss ich versuchen, meine Absicht genauer zu erklären oder als Empfänger bei Unklarheiten nachfragen. An dieser Stelle sollte noch einmal das Sender-Empfänger-Modell aufgegriffen werden, um die für eine gelungene Kommunikation wichtigen Rückkopplungsprozesse einzuzeichnen und zu verdeutlichen. Zudem sollte anhand des Modells aufgezeigt werden, dass viele Informationen auch auf der nichtsprachlichen Ebene zwischen den Gesprächspartnern ausgetauscht werden und das gegenseitige Verstehen wesentlich mit beeinflussen. Es stellt sich also die Frage: Hätte die Reaktion des Schülers B anders sein können, wenn er mehr auf die nonverbale Kommunikation des Schülers A geachtet hätte?

3.3 Die nonverbale Kommunikation

Das gegenseitige Verstehen erhöht sich, wenn wir die Signale der nonverbalen Kommunikation beachten. Die Körpersprache zeigt oft deutlich, wie es den Menschen geht. Sie hilft, mehr über die Gefühle des Gegenübers zu erfahren und ihn besser zu verstehen. Die nichtsprachlichen Kommunikationsanteile wie Körperhaltung, Gestik und Mimik übermitteln wesentliche Informationen. Mit der nonverbalen Kommunikation teilen wir oft unmittelbar und ungefiltert etwas mit, ohne dass wir das bewusst gesteuert hätten, vor allem auf der Ebene der Gefühle und Stimmungen. Bei einer gelungenen Kommunikation stimmen die verbalen und nonverbalen Mitteilungen in der Regel überein. Schüler B hätte also erkennen können, dass A sich nicht anmaßend verhält, sondern die Stimmlage und seine Gesten Unsicherheit bedeuten, seine Äußerung also nicht so gemeint war, wie er es verstanden hat.

Sollen Jugendliche Zivilcourage zeigen, bleibt eine Auseinandersetzung mit nonverbaler Kommunikation und deren Wirkungsweise unumgänglich. Wir können allerdings bei der Wahrnehmung der Körpersprache nicht mit Sicherheit sagen, wie es dem anderen geht, sondern nur, wie sein Verhalten auf uns wirkt und was wir deshalb vermuten. Oft deuten wir die Signale sehr schnell und unbewusst. Um solche Fehlurteile zu vermeiden, hätte Schüler B also A spiegeln können, wie sein Verhalten bei ihm ankommt.

In erster Linie sollen die Schüler für die Wahrnehmung der Körpersprache sensibilisiert werden. Ihnen sollte klar werden, wie Körpersprache wirkt und welchen Einfluss die nonverbalen Elemente auf die menschliche Kommunikation nehmen.

Auch für Lehrerinnen und Lehrer ist die Sensibilisierung für die Wahrnehmung nonverbaler Botschaften unerlässlich. Ein Schulterzucken der Kinder oder Jugendlichen verrät oft mehr Hilflosigkeit als ein langer Satz. Umso wichtiger wird es deshalb für Lehrkräfte, ihre Wahrnehmung der Körpersprache zu schulen und auf die nonverbalen Signale der Schülerinnen und Schüler zu achten. Es empfiehlt sich bei Unklarheiten, je nach der Bedeutung der Situation das Gespräch mit der Klasse oder mit dem Schüler bzw. der Schülerin zu suchen und die Situation zu klären. Die Lehrkraft sollte dabei ihre eigenen Wahrnehmungen spiegeln, indem sie verdeutlicht, wie das gezeigte Verhalten bei ihr angekommen ist. Wichtig ist in diesem Zusammenhang, das Verhalten zu beschreiben, ohne dieses auch gleich zu werten.

Punktabfrage „Welche Bedeutung hat die nonverbale Kommunikation?" – ein Einstieg: Auf einer Prozentskala von 1 bis 100 Prozent soll jeder Schüler eine Einschätzung abgeben, welche Rolle die nonverbale Kommunikation bei der menschlichen Kommunikation spielt. Nach unseren Erfahrungen unterschätzen die meisten Schüler die Bedeutung der nonverbalen Kommunikation. Die oft zu niedrig angegebenen Prozentwerte aus der Punktabfrage sollten aufgegriffen werden, um die theoretischen Inhalte zu erarbeiten. Zunächst erhalten die Schüler eine kurze Einführung über die grundlegenden Informationen zur nonverbalen Kommunikation (s. Informationsmaterial Abb. 8).

Nonverbale Kommunikation

„Wir sprechen mit unseren Stimmorganen, aber wir reden mit unserem ganzen Körper." (Abercombi)

Der überwiegende Teil unserer Kommunikation erfolgt ohne Worte. Fachleute schätzen, dass 65% der menschlichen Kontakte nonverbal und nur 35% verbal, d. h. über die Sprache, ablaufen. Sympathie wird nur zu 7% verbal ausgedrückt, sondern zu 55% durch den Gesichtsausdruck und zu 38% durch die Stimme. Ehe ich den Mund aufmache, hat der andere schon einen Eindruck von mir.

Nonverbale Kommunikation ist eine Kombination aus den Elementen Körperhaltung – Mimik – Blickkontakt – Gestik – Stimme – Abstand.

Beispiele für Körpersprache

- *Körperhaltung:* von aufrecht bis zusammengesunken
- *Mimik:* von angespannt bis entspannt
- *Blickkontakt:* von zu wenig bis intensiv
- *Gestik:* von heftig bis ruhig
- *Stimme:* von laut bis leise; von hoch bis tief; von hell bis dunkel; von schnell bis langsam
- *Abstand:* von weit bis nah

Sprachliche Information ist oft nur im Zusammenhang mit Nonverbalem richtig zu verstehen. Ein Großteil unseres nonverbalen Verhaltens und unsere Reaktion auf nonverbales Verhalten läuft unbewusst ab. Oft drückt der ganze Körper aus, was ein Mensch gerade fühlt oder welcher Typus er ist. Deshalb ist es wichtig, die Wahrnehmungsfähigkeit nonverbaler Zeichen zu verbessern und sich über die Wirkung bestimmter Körpersignale bewusst zu werden.

Körpersprache „sagt" dem Hörer etwas und drückt Entscheidendes aus:

- Unsicherheit, Überlegenheit, Lässigkeit, oder
- Verspannung, Spannung, Gelöstheit, oder
- Gesprächsbereitschaft, Isolierung, Misstrauen, Zurückhaltung oder
- Offenheit, Unehrlichkeit oder
- engagiertes Zuhören, gespielte Aufmerksamkeit, Desinteresse und vieles mehr.

▲ **Abb. 8:** Informationsmaterial „Nonverbale Kommunikation" (Rhetorik & Kommunikation 1996)

An dieser Stelle sollte auf dem Baustein „Gefühle" Bezug ge-nommen werden. Woran erkennt man, wie es dem anderen geht? Achtet ihr auf die Signale des anderen?

Übung 1: Wahrnehmung der Körpersprache anhand eines Filmausschnittes

Als ersten Schritt einer konkreten Auseinandersetzung mit der nonverbalen Sprache schlagen wir vor, mit der Analyse einer Filmszene zu beginnen, um eventuelle Hemmungen der Schü-ler, sich direkt mit ihrem eigenen Verhalten auseinander zu set-zen, abzubauen. Hierzu bietet sich der Film „Der Schwarzfah-rer" von Pepe Danquart (BRD 1992/93; Antares Medienkata-log Nr. 4248511) an, in dem über den Ausdruck der Personen viele Stimmungen transportiert werden. Dieser Filmausschnitt wird ohne Ton gezeigt. Folgende Beobachtungsaufträge sollen von jedem Schüler bearbeitet werden:

■ Worum geht es in diesem Film inhaltlich? Woran wird das deutlich?
■ Wie fühlen sich deiner Meinung nach die beteiligten Perso-nen?

Anschließend findet ein kurzer Austausch im Plenum statt, wo-bei Gemeinsamkeiten und Unterschiede festgehalten werden.
Dann wird die Szene ein zweites Mal ohne Ton gezeigt. Je nach der Anzahl der zu beobachtenden Personen sind Klein-gruppen zu bilden, die sich Notizen zu der ihnen zugewiesenen Person machen:

■ Was siehst du bei dieser Person?

Sie lacht ....

....

■ Wie wirkt das auf dich?

fröhlich ....

....

■ Wie deutest du das?

gut gelaunt ....

....

Durch diese Dreiteilung des Beobachtungsauftrages (Miller 2001, 42) sollen voreilige Schlüsse bzw. Interpretationen der Schüler vermieden werden. Schließlich können wir nicht mit Sicherheit sagen, wie der andere sich fühlt, sondern nur, wie er auf uns wirkt und was wir vermuten.

In der Kleingruppe setzen sich die Schüler zunächst mit ihren Beobachtungen auseinander, bevor sie mit der Klasse besprochen und ausgewertet werden. Abschließend schauen sich alle den Filmausschnitt mit Ton an und überprüfen ihre Beobachtungen.

Übung 2: Gefühle ausdrücken und wahrnehmen

In dieser Übung sollen die Schüler Gefühle darstellen. Je eine Gruppe spielt einen kurzen vorgegebenen Dialog vor (Varianten siehe unten). Die „Regieanweisungen" sind nur der vorspielenden Gruppe bekannt. Die gespielten Sequenzen werden per Video aufgezeichnet.

1. Variante

A (versucht, seine Unsicherheit zu verbergen und forsch aufzu-treten): „Ich mach jetzt bei euch mit!" B wendet sich für den einen Satz kurz zu A; sagt kühl: „Wir sind schon zu viert." C und D schauen nicht zu A hin. E schaut A ablehnend an, sagt nichts.

2. Variante

A (freudig): „Ich mach jetzt bei euch mit!" B antwortet bedau-ernd: „Wir sind schon zu viert." C und D schauen nicht zu A hin. E wendet sich zu A mit einer bedauernden, entschuldigenden Geste, ohne etwas zu sagen.

3. Variante

A (genervt): „Ich mach jetzt bei euch mit!" B (ängstlich abweh-rend): „Wir sind schon zu viert." C und D schauen nicht zu A hin. E schaut A erschrocken an, sagt nichts.

Zu jeder Szene erhalten die Schüler die folgenden Beobach-tungsaufträge. Die Antworten zu jeder Frage sollen jeweils in eine Tabelle (s. Tab. 3) eingetragen werden.

1. Wie wirken die Schüler auf dich?
2. Durch welche Verhaltensweisen (Intonation, Gestik, Mi-mik ...) wirkt er so?
3. Stimmt die Körpersprache mit den gesprochenen Worten überein?

An dieser Stelle sollten die Gründe für die Inkongruenz zwi-schen der verbalen Sprache und den nonverbalen Signalen the-matisiert werden. Welche Ursachen kann es für diese Wider-sprüche geben? Zum Teil sind sie uns bewusst (z. B. bei Lam-penfieber), zum Teil laufen sie unbewusst ab. Missverständnisse entstehen, wenn wir etwas sagen, wovon wir innerlich nicht überzeugt sind und unsere Körpersprache dies ausdrückt. Ab-schließend sollte den Schülern verdeutlicht werden, dass es bei der Deutung der Körpersprache mehrere Interpretationen gibt und deshalb zur Klärung der Situation ein Nachfragen sinnvoll sein kann.

▼ **Tab. 3**

A	
B	
C	
D	
E	

3.4 Schulz von Thun: Das Kommunikationsmodell

Dass die zwischenmenschliche Kommunikation sehr komplex ist, kann nicht geleugnet werden. Als Klärungsinstrument für schwierige Situationen und um zu verstehen, warum wir uns manchmal nicht verstehen, ist das Kommunikationsmodell von Schulz von Thun „Die vier Seiten einer Nachricht" geeignet (Schulz von Thun 2001, Band 1). Wir beschränken uns an dieser Stelle darauf, die vier Seiten der Nachricht kurz zu beschreiben, unsere bisherigen Erfahrungen mit der Arbeit des Modells mit Schülern vorzustellen und konkrete Übungen vorzuschlagen.

Der Kerngedanke ist die Vielschichtigkeit des sprachlichen Ausdrucks. Schulz von Thun hat durch die Analyse vieler Gespräche entdeckt, dass jede Nachricht (mindestens) vier Aspekte bzw. Botschaften gleichzeitig enthält. Menschen kommunizieren nie einseitig, sondern *reden* und *hören* immer mindestens vierseitig. Die Vielfalt der Botschaften lässt sich mit Hilfe eines Quadrates ordnen (s. Abb. 8).

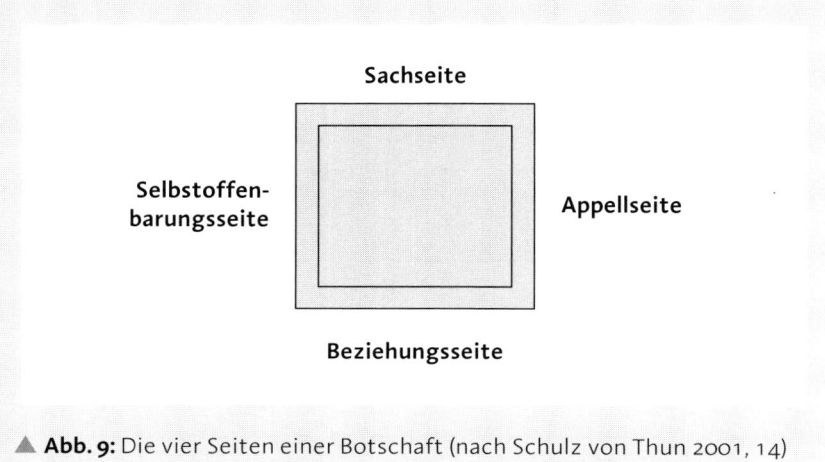

Abb. 9: Die vier Seiten einer Botschaft (nach Schulz von Thun 2001, 14)

Ein Beispiel: Micha schimpft über seinen Mitschüler Peter: „Nur, weil er eine Eins hat, glaubt er, der Größte zu sein!"

1. Sachseite – worüber ich informiere: Bei diesem Aspekt geht es um die Nachricht als Information. Peter hat eine Eins geschrieben.

2. Selbstoffenbarungsseite – was ich von mir selbst preisgebe: In jeder Nachricht stecken nicht nur Informationen über die mitgeteilten Sachinhalte, sondern auch Informationen über die Person des Senders. Dieser Aspekt schließt sowohl die bewusste Selbstdarstellung (wie ich von anderen gesehen werden will) wie auch die unbewusste Selbstenthüllung (was ich eigentlich verbergen wollte) des Senders ein. Im Beispiel wäre dies aus Sicht von Micha: „Ich bin neidisch."

3. Beziehungsseite – was ich vom Empfänger halte, wie wir zueinander stehen: Dieser Aspekt signalisiert dem Empfänger, wie der Sender ihn wahrnimmt bzw. was er von ihm hält, und gibt Auskunft über den Stand der Beziehung aus der Sicht des Senders. Im o. g. Beispiel hieße das aus Sicht von Micha: „Ich kann Peter nicht leiden."

4. **Appellseite** – wozu ich den Empfänger veranlassen möchte:
Mit diesem Teil der Nachricht wird auf den Empfänger Einfluss
genommen. Die Nachricht dient also auch dazu, den Empfänger
zu veranlassen, bestimmte Dinge zu tun oder zu unterlassen,
zu denken oder zu fühlen. Beispiel: Distanziert euch gefälligst
von ihm!

Wir alle machen immer wieder die Erfahrung, dass das, was wir
anderen mitteilen, bei diesen anders ankommt. Kommunikationsprobleme gibt es oft deshalb, weil der Sender die vier Seiten nicht explizit mitteilt und der Empfänger erraten muss, was
damit wohl „wirklich" gemeint war. Wie eine Nachricht aufgenommen wird, hängt ganz davon ab, mit welchem „Ohr" sie
aufgenommen wird. Nicht nur der Sender, sondern auch der
Empfänger ist kommunikativ vierseitig gepolt und sozusagen
mit vier „Ohren" ausgestattet. Jeder Mensch fühlt sich auf einer
bestimmten Seite mehr zu Hause und hat bestimmte Empfangsgewohnheiten. Ein erster Schritt zur besseren Kommunikation
besteht darin, dass wir uns und den Schülern diese Prozesse bewusst machen.

Das Nachrichtenquadrat kann somit als Wahrnehmungshilfe
benutzt werden, um zu erkennen, was sich zwischen den beteiligten Personen abspielt, d. h., sich in einer Auseinandersetzung
zu überlegen, was sich der Sender gedacht hat und wie seine
Nachricht beim Empfänger angekommen ist. Vor allem in Konfliktsituationen ist es ein wichtiges Klärungsinstrument, um
Störungen und Irritationen rascher wahrzunehmen, zu analy-
sieren und zu beheben. Ausgerüstet mit diesem Modell, soll es
den Schülern leichter fallen, ihr Kommunikationsverhalten zu
reflektieren und einzuschätzen, welchen Anteil sie an Kommu-
nikationsstörungen haben. Auftretende Missverständnisse in
der Kommunikation werden für die Schüler besser verständlich. Für das Erlernen von Zivilcourage erweist sich das Modell
daher als sehr hilfreich
   Der Umgang mit dem Modell hat die Schüler motiviert, über
persönliche Gesprächssituationen und Konflikte nachzuden-
ken. Nach unseren Erfahrungen sind die Schüler für kommuni-

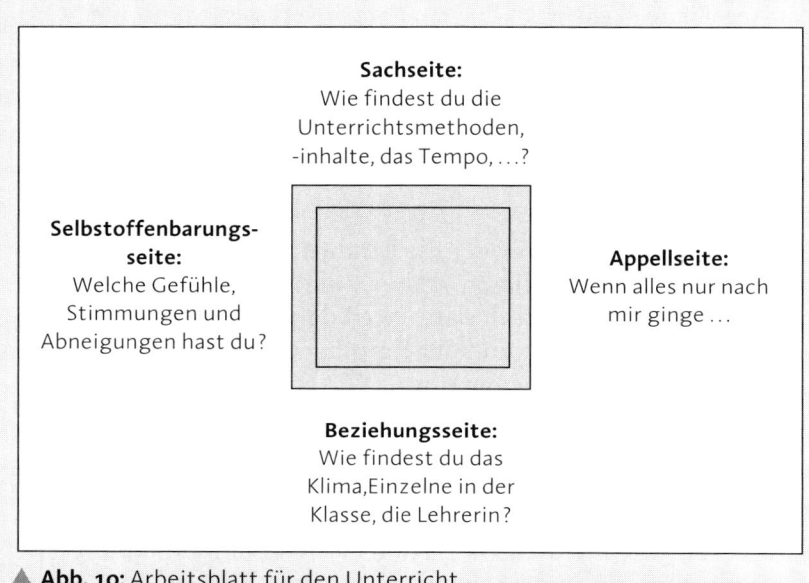

Sachseite:
Wie findest du die
Unterrichtsmethoden,
-inhalte, das Tempo, …?

**Selbstoffenbarungs-
seite:**
Welche Gefühle,
Stimmungen und
Abneigungen hast du?

Appellseite:
Wenn alles nur nach
mir ginge …

Beziehungsseite:
Wie findest du das
Klima,Einzelne in der
Klasse, die Lehrerin?

▲ **Abb. 10:** Arbeitsblatt für den Unterricht

kative Vorgänge besonders aufgeschlossen, wenn die aktuelle Situationen aus dem Unterricht aufgegriffen und reflektiert werden. Damit das Modell selbstverständlich eingesetzt werden kann, sollte es wiederholt im Unterricht Anwendung finden, bei Feedback-Gesprächen o. Ä. (siehe dazu Abb. 10).

Analyse der Filmszene „Das Frühstücksei" von Loriot: Als Einstieg kann die kurze Szene „Das Frühstücksei" aus dem Video „Szenen einer Ehe" von Loriot dienen. Ein Ehepaar sitzt am Frühstückstisch. Der Ehemann beklagt sich, dass das Ei zu hart sei. Während des Gesprächs will der Mann genau wissen, warum das Ei so hart geworden ist. Er fragt seine Frau, wie lange das Ei gekocht hat. Zunächst geht sie nicht auf seine Frage ein, sondern sorgt sich um seine Gesundheit. Im weiteren Verlauf des Gesprächs zeigt sich, dass sich die Ehefrau von ihrem Ehemann persönlich angegriffen fühlt. Sie reagiert sehr emotional, ohne auf seine Sachebene einzugehen. Die Schüler sollen beschreiben, wie sie die Gesprächssituation empfinden. Wie verhalten sich die Ehefrau und der Ehemann? Weshalb streiten sie sich? Anhand dieser Szene soll noch nicht das Nachrichtenquadrat vorgestellt werden, sondern es soll bei den Schülern das Gefühl geweckt werden, dass man gar nicht so recht weiß, was in dieser Gesprächssituation schief gelaufen ist und weshalb es zu Kommunikationsschwierigkeiten kommt. Auf die Erklärungen der Schüler sollte zu einem späteren Zeitpunkt noch einmal eingegangen werden.

Die Zweiergespräche: Um die Informationen nachvollziehen zu können und die Schüler für das Zusammenwirken der einzelnen Seiten des Senders und des Empfängers zu sensibilisieren, sollten Zweiergespräche zu vorgegebenen Themen geführt werden.

1. Beispiel: Die Schüler sollen sich gemeinsam über eine Urlaubsplanung unterhalten. Schüler A konzentriert sich auf die Sachseite, B erhält keine Anweisung.

2. Beispiel: Gespräch in der Kneipe über die Eindrücke ihrer letzten Party. A liegt immer auf der „Beziehungslauer" (s. Informationen zur Beziehungsseite), B erhält keine Anweisung.

Nach ca. 3 Minuten tauschen die Schüler die Rollen. Anschließend findet ein Austausch über ihre Gesprächserfahrungen statt. Die Schüler sollen ihre Gefühle und den Gesprächsverlauf beschreiben.

Übungen zur Analyse der Kommunikation: Die Lehrkraft kann das Beispiel aus Kapitel 2 „Ich mach bei euch mit" nutzen, dazu folgende Übersicht erstellen bzw. mit den Schülern erarbeiten.

Nach diesem Muster sind vielfältigste Übungen möglich, die jeweils in ähnlicher Form ausgearbeitet und in Tabellenform notiert werden können.

▼ **Tab. 4:** Die vier Seiten der Botschaft „Ich mach bei euch mit."

Seite der Botschaft	Bezogen auf das Beispiel
Sachseite	Information über die Mitarbeit in der Gruppe
Selbstoffen-barung	persönliches Interesse an der Gruppe
Beziehungs-seite	Wunsch nach Anerkennung oder Freundschaft/Integration
Appellseite	Bitte sagt: „Ja, komm' zu uns."

Übungsvorschläge:

„Wir sind schon zu viert." (Antwort auf A zu obigem Beispiel)

„Ich krieg die Aufgabe nicht raus."

„Wir sagen einfach, wir hätten nichts von der Hausaufgabe ge-wusst."

Abschlussreflexion zum Nachrichtenquadrat: Wie kann uns dieses Modell in Konfliktsituationen weiterhelfen?

Nach diesen Übungen sollten je nach Schülergruppe und deren Abstraktionsvermögen von der Lehrkraft einzelne Erkenntnisse zu dem Nachrichtenquadrat vertieft werden, z. B. die einseitigen Empfangsgewohnheiten. Als wesentlich erachten wir es im Zusammenhang zur Thematik der „Zivilcourage", besonders auf die Selbstoffenbarungs- und Beziehungsseite des Modells einzugehen. Oft sind wir nicht in der Lage, unsere Beziehung zum anderen deutlich zu machen, weil wir es nicht gewohnt sind oder weil wir befürchten, abgelehnt zu werden. Oder wir haben eine unterschiedliche Auffassung von der Beziehung. Während der eine ein freundschaftliches Verhältnis sieht, hat sich der andere vielleicht verliebt oder er findet ihn zwar ganz in Ordnung, will aber darüber hinaus nichts mit ihm zu tun haben.

Vertiefende Informationen zum Nachrichtenquadrat: Im Folgenden werden einzelne Aspekte zu dem Modell von Schulz von Thun, die unserer Meinung nach für die Lehrkraft hilfreich sein können, kurz vorgestellt; z. B. einseitige Empfangsgewohnheiten. Je nachdem,

- wie die eigene Lebensgeschichte den Empfänger geprägt hat,
- wie die Geschichte der Beziehung ist,
- welche (Vor-)Urteile die Wahrnehmung lenken,
- welches Bild man von sich selbst hat,

bevorzugt man eine bestimmte Seite.

Die Sachseite: Auf der Sachebene zu kommunizieren, ist günstig bei der Lösung von Sachthemen und Sachproblemen. In der Überspezialisierung – d.h. wenn jemand oft oder ausschließlich mit dem „Sachohr" hört – wird es ungünstig, wenn die eigentlichen Probleme nicht sachlich, sondern zwischenmenschlich sind, wenn z. B. jemand Rat oder Trost sucht, bei Konflikten oder in privaten Beziehungen. An dieser Stelle sei auf das Eisbergmodell verwiesen. Bei einem Eisberg sieht man oft nur die Spitze (Sachseite), und der größere, unsichtbare Teil verbirgt in der menschlichen Kommunikation die Beziehungsebene.

Die Appellseite: Ein gutes „Appellohr" ist günstig für eine optimale Zusammenarbeit oder in Notsituationen. In der Überspezialisierung wird es ungünstig, wenn die eigenen Bedürfnisse und Wünsche verloren gehen und Abhängigkeit und Unselbständigkeit entstehen, da dem anderen alles abgenommen wird.

Die Beziehungsseite: Ein gutes „Beziehungsohr" ist günstig für das Ansprechen „dicker Luft". In der Überspezialisierung wird es ungünstig bei laufender, funktionierender Kooperation, in Sachdebatten („Wenn jemand anderer Meinung ist, mag er mich wohl nicht!") oder als ständige „Kritiklauer". Der Empfänger fühlt sich von den Aussagen des Senders ständig angegriffen, er liegt auf der so genannten „Beziehungslauer". Dabei kann er aggressiv (andere anklagend) oder depressiv (sich selbst anklagend) reagieren.

Die Selbstoffenbarungsseite: In jeder Nachricht steckt auch ein Stück Selbstpreisgabe. Oft ist diese auch mit einer Selbstoffenbarungsangst verbunden, so dass Imponiertechniken eingeübt werden und die Echtheit der Kommunikation verloren geht.

Ein gutes „Selbstoffenbarungsohr" ist günstig als einfühlsames, nicht wertendes Verständnis bei allem Seelischen, z. B. bei Trauer und Ärger. In der Überspezialisierung wird es ungünstig als entlarvende Diagnostik („So einer bist du!").

Blitzlicht: Jeder Schüler sollte am Ende der Unterrichtseinheit hierzu eine Antwort finden. Diese kann auf einer Karte festgehalten werden. „Für mich ist das Modell …"

Anregungen zur Verbesserung der Kommunikation: Viele Leute stellen es sich sehr leicht vor, ein Gespräch im Falle eines Konfliktes zu führen: „Ich spreche mal mit ihm darüber." Kurz darauf sind sie dann enttäuscht, dass die Kommunikation misslang und suchen die Schuld meistens bei dem – aus ihrer Sicht – verstockten und unwilligen Gesprächspartner.

Es ist jedoch sehr viel komplizierter und es gibt eine Reihe von Gesichtspunkten, die man bei der Gesprächsführung beachten sollte, damit das Gespräch für beide Seiten zufrieden stellend verläuft.

3.5 Thomas Gordon: Die Schüler-Lehrer-Konferenz

Eine weitere Möglichkeit zur Verbesserung der Kommunikation im Schulalltag kommt von Thomas Gordon: „Schüler-Lehrer-Konferenz. Wie man Konflikte in der Schule löst". Gordons Konzept baut auf Carl Rogers' „klientenzentrierter Gesprächstherapie" auf, die er mit anderen und eigenen Elementen (z. B. aus Ruth C. Cohns „Themenzentrierte Interaktion") anreicherte. Schon Gordons erstes Buch „Familienkonferenz" hatte in Deutschland durchschlagenden Erfolg, und Kurse dazu wurden in Volkshochschulen und anderen Einrichtungen in großer Zahl angeboten. In ähnlicher Weise setzte sich die „Lehrer-Schüler-Konferenz" in den Fortbildungsinstitutionen für Lehrkräfte durch, wenngleich es in letzter Zeit nicht mehr so propagiert und angeboten wird wie in den 70er und 80er Jahren. Allerdings waren die Adressaten von Büchern und Trainingskursen immer Erwachsene (Eltern, Lehrkräfte oder Manager), doch sind wir der Ansicht, dass ältere Kinder und Jugendliche durchaus auch schon Elemente daraus verstehen, lernen und anwenden können. Wir haben die Prinzipien von Gordon, wie folgt, im Unterricht vermittelt.

Ich-Botschaften aussenden

Bei der Ich-Botschaft wirft der Sender dem Empfänger nicht einfach einen Fehler in Bezug auf seine Handlung oder seinen Charakter vor, sondern schildert seine eigenen Gefühle, die durch das Verhalten des anderen ausgelöst werden. Dadurch wird es dem Empfänger möglich, sich in den Sender einzufühlen, während bei einem Vorwurf, der meist zu Rechtfertigungen und Gegenvorwürfen führt, der Konflikt eher verschärft wird. Mit Ich-Botschaften ist ein gegenseitiges Verstehen und Änderung des Verhaltens leichter möglich. In vielen Fällen sind aber eingehende Gespräche erforderlich, um diese geänderte Gesprächskonstellation deutlich zu machen. Denn in dem weit verbreiteten Beleidigtsein steckt ja auch eine Ich-Botschaft und unausgesprochen zugleich der Vorwurf: „Du bist daran schuld. Du hast etwas Schlimmes gesagt oder getan."

Vor Schein-Ich-Botschaften muss gewarnt werden: „Ich habe das Gefühl, dass du ein außerordentlicher Egoist bist."

Vermeiden sollte man: „Du bist egoistisch, einfach auf die Party zu gehen und mich allein zu lassen!" Stattdessen ist es besser zu sagen: „Ich bin traurig/gekränkt, dass du mich nicht fragst, ob ich mitgehen will."

Was ist der Unterschied zwischen den beiden Formulierungen? Die Schüler denken sich weitere Beispiele zu Vorwürfen mit „du" aus und wie sie in Ich-Botschaften umgewandelt werden können.

„Straßensperren" vermeiden

Es passiert häufig, dass jemand ein Gespräch beendet, ohne dass dies seine Absicht war. Gordon nennt dies „Straßensperren".

> Schüler: „Schreiben wir morgen die Arbeit?"
> Lehrer: „Das habe ich doch klar und deutlich gesagt!"
>   (Tadel und Ende des Gesprächs)
>
> Schüler: „Schreiben wir morgen die Arbeit?"
> Lehrer: „Ja! Und diesmal lernst du vorher!"
> (Befehl und Ende des Gesprächs)
>
> Schüler: „Schreiben wir morgen die Arbeit?"
> Lehrer: „Ja, aber ein Schüler, der so gut ist wie du,
>   braucht wirklich keine Angst zu haben.
>   (Lob und Tröstung und Ende des Gesprächs)

Die „Straßensperren" dienen manchmal dazu, einem lästigen Gespräch aus dem Weg zu gehen. Das empfindet auch der Schüler und gibt seine Absicht auf, die Lehrkraft ins Vertrauen zu ziehen. Häufig ist es jedoch nur Ungeschick, der Lehrer meint es gut mit dem Kind, dem Jugendlichen, weil er trösten will, die Angst nehmen oder motivieren will. Doch die Folge ist die gleiche: Ein Gespräch kommt nicht zustande, in dem sich vielleicht ganz andere Hintergründe, Ängste und Wünsche zeigen könnten als die, die der Schüler zur Gesprächseröffnung zu äußern wagte. Vielleicht sind dem Schüler die Hintergründe seiner Frage in diesem Moment gar nicht bewusst. Anstatt der „Straßensperren" empfehlen sich so genannte „Türöffner":

Schüler: „Schreiben wir morgen die Arbeit?"
Lehrer: „Ja. Hast du noch Fragen dazu?"
(Beginn des Gesprächs)

Wir empfehlen, Gordons Buch heranzuziehen und für die jeweilige Klasse geeignete Fälle zu erfinden.

Aktives Zuhören

Das aktive Zuhören dient sowohl dazu, den Sprecher in seinen Überlegungen weiterzubringen als auch das gemeinsame Gespräch auf das Wesentliche zu lenken. Im günstigsten Falle findet der Sprecher dadurch selbst eine Lösung, ohne dass der Zuhörer ihm eine angeboten oder aufgedrängt hat.
Der Zuhörer spiegelt die Aussage des Sprechers wider und ergänzt sie um den vermuteten Gefühlsanteil. In der Praxis findet man häufig, dass nur die Aussage in Form einer Paraphrasierung gespiegelt wird. Das ist aber nicht ausreichend. Das dazu gehörige Gefühl in den Blick zu nehmen, ist das Wichtigste, um das Gespräch in die Tiefe zu führen. Die folgenden Beispiele geben Hinweise darauf.
Um die Vorteile des „aktiven Zuhörens" zu verdeutlichen, bringen wir hier zwei Beispiele.

Zunächst ein **negatives Beispiel** für ein Gespräch ohne diese Technik.

Schüler: „Die Englischlehrerin, Frau D., ist eine blöde Kuh."
Zuhörer: „Nanana!"
Schüler: „Am liebsten würde ich an ihrem Auto den Lack verkratzen!"
Zuhörer: „O je!"
Schüler: „Oder besser noch die Bremsschläuche durchschneiden!"
Zuhörer: „O je, o je!"

Es entwickelt sich kein Fortschritt in der Gedankenführung, alles kreist um die Rachegelüste.

Beispiel für „aktives Zuhören"

Schüler: „Die Englischlehrerin, Frau D., ist eine blöde Kuh."

Zuhörer: „Du hast dich ja ganz schön über sie geärgert?" (Ergänzung der Sachaussage um das vermutete Gefühl; Frage, weil das Gefühl nur vermutet wird.)

Schüler: „Ja, stell dir vor, die behauptet, ich hätte in der Arbeit vom Buch abgeschrieben und gibt mir eine Sechs. Dabei habe ich den Text auswendig gelernt."

Zuhörer: „Du hast jetzt Angst (Gefühl), dass sie denkt, du könntest nichts, und dir im Zeugnis eine schlechte Note in Englisch gibt?"

Schüler: „Genau. Da kommt mir eine Idee: Ich gehe jetzt gleich zu ihr hin und sage ihr den Text auswendig auf, damit sie sieht, dass ich ihn wirklich gelernt habe. Dann muss sie erkennen, dass ich nicht abgeschrieben habe und die Sechs zurücknehmen!"

Der Schüler findet selbst eine Lösung.

Der Zuhörer vermeidet sowohl Ratschläge, die sich als „Straßensperren" erweisen könnten, als auch Fragen. Der Nachteil des Fragens besteht darin, dass man auf der Ebene der ersten Aussagen des Schülers bleibt. Es könnte aber auch sein, dass ganz andere Aspekte eine Rolle spielen, auf die der Zuhörer von selbst nicht kommt. Z. B. könnte es für den Schüler wichtig sein, was ein bestimmtes Mädchen aus der Klasse von ihm denkt. Durch Fragen wird das nur dann herauskommen, wenn der Zuhörer etwas davon bemerkt hat. Wenn man aber den Schüler durch „aktives Zuhören" unterstützt, wird er diesen Aspekt nach einiger Zeit selbst als das Wichtigste benennen und dann eine Lösung finden. Wenn die Gefühlsebene nicht ins Bewusstsein gehoben wird, führt das Kreisen der Gedanken auf der vordergründigen Sachebene nicht zum Fortschritt und zur Lösung.

Der Schüler wird jedoch tiefer gehende Gefühle nur dann offen legen, wenn er zu dem Gesprächspartner Vertrauen gefasst hat. Carl Rogers, der Begründer der klientenzentrierten Gesprächsführung, auf den sich Gordon bezieht, nennt als Voraussetzung für ein solches Gespräch für den Zuhörer neben der Kompetenz zur Gesprächsführung „Wärme" und „Echtheit". Wärme bedeutet hier: Der Zuhörer empfindet Sympathie für den Gesprächspartner, Echtheit: Der Zuhörer täuscht keine positiven Gefühle vor.

Übungen zum „aktiven Zuhören":

Schüler A: „Ich mach' jetzt bei euch mit" (Sachaussage). Es ist dies eine Anknüpfung an eines der beiden Fotos 1a und 1b in Kap. 2. Wie könnte Schüler B diese Aussage, erweitert um den vermuteten Gefühlsanteil, zurückspiegeln?

Schüler B: ....

....

Schüler A: ....

....

usw.

Schüler B: „Wir sind schon zu viert." Wie könnte Schüler A diese Aussage, erweitert um den vermuteten Gefühlsanteil, zurückspiegeln?

Schüler A: ....

....

Schüler B: ....

....

usw.

Wie könnte das Gespräch weitergehen?

Das Simulieren des „aktiven Zuhörens" ist im Rollenspiel sehr begrenzt. Dass bei dem Ärger wegen der schlechten Note in der Englischarbeit die Beziehung zu einem Mädchen von Bedeutung sein könnte, wird bei einer frei erfundenen Rollenkonzeption kaum auftreten.

Mit der Übungsphase im Klassenraum kann das Thema also noch nicht beendet sein. Die Schüler erhalten die Hausaufgabe, bei sich bietenden Möglichkeiten in der Familie, im Freundeskreis und im Gespräch mit Bekannten die Technik des „aktiven

Zuhörens" zu erproben. In den folgenden Wochen wird berichtet, welche Erfahrungen damit gemacht wurden. Auch die Lehrkräfte setzen bei sich bietender Gelegenheit, ohne dies vorher anzukündigen, „aktives Zuhören" im Schüler-Lehrer-Gespräch ein und erörtern es mit der Klasse, damit Routine im „aktiven Zuhören" entsteht.

Das „aktive Zuhören" ist sehr gut für das Zweiergespräch geeignet, z. B. zwischen dem Lehrer und einem Schüler. Wenn andere dabei sind, kann es zu Verzerrungen kommen. Denn das, was der Schüler dem Lehrer in Gegenwart weiterer Zuhörer sagt, kann versteckt eine Botschaft an die Mitschüler sein.

Ein Schüler ruft, während der Lehrer etwas in Mathematik erklärt: „Das versteht doch kein Schwein!" Der Lehrer versucht es mit „aktivem Zuhören": „Du machst dir Sorgen, du könntest es nicht verstehen?!" Antwort des Schülers: „Überhaupt nicht! Sie müssen es nur besser erklären!" Er lässt sich nicht auf den Lehrer ein, weil seine Klassenkameraden zuhören und er vor ihnen keine Schwäche zugeben kann. Das Gespräch mit dem Lehrer wird durch die hier unvermeidliche gleichzeitige Kommunikation mit den anderen überlagert. Wenn dieser Schüler bei seinem Lehrer Wärme und Echtheit spürt, muss das nicht auch für seine Klassenkameraden gelten, bei denen er vielleicht von einigen Rivalität befürchtet, und die Offenheit stellt sich nicht ein. Solche Gespräche müssen also unter vier Augen geführt werden.

Einige Formen der Kritik („Das versteht doch kein Schwein!") und der Wortwahl („Die Englischlehrerin ist eine blöde Kuh") müssen *zunächst* als unbeherrschte Emotionen hingenommen werden, wenn „aktives Zuhören" praktiziert werden soll. Aber danach ist die Kritik und Zurückweisung der Formulierungen des Schülers angezeigt und unschädlich für das Vertrauensverhältnis.

4 Die Gruppendynamik in der Schulklasse

In den nächsten Abschnitten geht es darum, die Schülerinnen und Schüler über grundlegende Zusammenhänge im Sozialverhalten von Kindern und Jugendlichen zu informieren. Dies kann entweder durch Texte oder durch einen Lehrervortrag geschehen. Der nächste Schritt ist dann die Verknüpfung mit den eigenen Erfahrungen der Kinder und Jugendlichen.

Exkurs: Entwicklungsphasen der Schülerinnen und Schüler

Welche Bedeutung die Anpassung an die Gruppe der Gleichaltrigen, der Peergroup, hat, soll anhand von Erkenntnissen aus der Entwicklungspsychologie verdeutlicht werden. Bei der Entwicklung des Kindes von der Abhängigkeit von den Eltern hin zur selbstständigen Persönlichkeit eines Erwachsenen werden verschiedene Übergangsformen durchlaufen, die das jeweilige Verhalten in der Gruppe maßgeblich bestimmen, ohne dass Eltern und Lehrkräfte dies erkennen.

Hier werden die Veränderungen der Einstellung zur Mann-Frau-Partnerschaft im Rahmen der Peergroup dargestellt. Zu Beginn der Pubertät herrscht die „Ausrichtung auf das eigene Geschlecht" vor. Der Junge will von den gleichaltrigen Jungen, das Mädchen von den Freundinnen die Bestätigung erhalten, dass körperliche Veränderungen, die zurzeit ablaufen, bei den anderen auch so sind wie bei ihm bzw. ihr, also normal und nicht beängstigend. Das Gleiche gilt für den seelischen Bereich. Man erfährt, dass die eigenen Einstellungen zum anderen Geschlecht, zur Schule und zum Freizeitverhalten keine Ausnahme darstellen, sondern von der Peergroup akzeptiert, geduldet und gefordert (Rollenerwartung) werden. Die Bestätigung, was richtig oder falsch ist, ob man selbst „okay" ist, erfolgt nun immer weniger von den Eltern und Lehrkräften und immer mehr durch die Gruppe der Gleichaltrigen. Zwar haben die Erwachsenen diese Phasen auch durchlaufen und könnten von daher Rat geben, doch auf der Gefühlsebene sind sie weit von den Kindern und Jugendlichen entfernt. Die Anspannung des Jungen, wenn ein bestimmtes Mädchen den Raum betritt, sein Erröten, sein hilfloses Agieren, seine albernen oder peinlichen Bemerkungen, sein vorgeschobenes und leicht durchschaubares Desinteresse, das können die Eltern nur rational nachvollziehen, die gleichaltrigen Jungen erleben es jedoch zur selben Zeit.

Ihr Rat und ihre Rückmeldung, dass das „normal" ist, hat deshalb ganz andere Bedeutung als die Bestätigung durch die Mutter oder den Vater. Darum ist die Aufnahme in die Gruppe der Gleichaltrigen und damit zugleich die Übernahme ihrer Normen und Verhaltensweisen, die Anerkennung durch die Peergroup ungleich wichtiger, was viele Eltern und Lehrkräfte nur schmerzhaft zur Kenntnis nehmen und was zu vielerlei Konflikten führt. Denn die Wertvorstellungen der Erwachsenen und der Heranwachsenden differieren häufig in erheblichem Ausmaß, z. B. was die Einstellung zur Schule und zum Lernen, zur Musik und zur Kleidung, zur Freizeitgestaltung und zur Höhe des Taschengeldes angeht.

Auch in der darauf folgenden Übergangsform, der „diffusen Ausrichtung auf das andere Geschlecht", ist die Gruppe nach wie vor bestimmend. Die Gemeinschaft der Jungen legt fest, wie ein Mädchen sein müsste, was gut, richtig und schön ist und was nicht. Sie beobachtet die Mädchen und stellt Mutmaßungen an, was sie denken, fühlen und wollen. Umgekehrt gilt dasselbe für die Peergroup der Mädchen. Auch hier ist der Schutz und die Richtliniengebung durch die Gleichaltrigen bedeutsamer als die Moral, Lebensweisheit und die – aus ihrer Sicht – Abgehobenheit der Erwachsenen.

In den nächsten drei Phasen ist der Einfluss der Gruppe von geringerer Bedeutung, aber keineswegs bedeutungslos. Vor allem bauen sie auf den beiden ersten Phasen, also „Ausrichtung auf das eigene Geschlecht" und „diffuse Ausrichtung auf das andere Geschlecht", auf, wirken weiter und gehen keineswegs auf null *zurück. Wie groß ihr Gewicht noch ist, kann nicht allgemein gesagt werden, weil die individuellen Unterschiede erheblich sind. Die folgende Phase lautet „Suche nach dem ähnlichen Partner". Jetzt tritt die Gruppe in den Hintergrund und es bilden sich Paarbeziehungen zwischen einem Jungen und einem Mädchen, wobei das Charakteristische die Suche nach gleichen Anschauungen und Einstellungen ist (z. B. Musik, Mode, Freunde, Schule). In der darauf folgenden Phase „Suche nach dem idealen Partner" steht die Sehnsucht nach dem Traummann bzw. der idealen Frau im Vordergrund. Die gleiche Ausrichtung der Gefühle reicht nun nicht mehr. Danach, mit dem Bewusstwerden, wie irreal dies ist, beginnt schließlich die letzte Phase, die keine Übergangsform mehr ist: die „Akzeptanz des realen Partners"; d. h., Schwächen und Mängel des anderen werden erkannt und als Lebenswirklichkeit akzeptiert, ohne dass deswegen die Liebe verschwindet.*

Die oben genannten Aspekte („Ausrichtung auf das eigene Geschlecht", „Ausrichtung auf das andere Geschlecht" usw.) treten in den entsprechenden Phasen in den Vordergrund, sind aber auch schon vorher angelegt und bleiben bestehen, wenn auch mit geringerer Bedeutung. Die Mädchen durchlaufen diese Entwicklung früher als die Jungen, weil ihre biologische Reifung früher einsetzt.

Wie stark die Ausprägungen der einzelnen Phasen sind und ob sie erreicht werden, kann nicht vorhergesagt werden, da es sich bei dem Beschriebenen nur um eine allgemeine Aussage handelt, die individuell nicht immer zutrifft.

Aus dieser Darstellung ist zu erkennen, welche Bedeutung es hat, in die Gruppe der Kinder und Jugendlichen aufgenommen zu werden. Wer aus der maßgeblichen Gruppe ausgeschlossen ist und wem signalisiert wird, er sei anders, irgendwie schlechter oder nicht liebenswert, kann unter Umständen nicht nur für die kurze Zeit der Schule, sondern bis ins Erwachsenalter hinein verunsichert oder geschädigt sein.

Verknüpfung der Theorie mit eigenen Erfahrungen

Diese Ausführungen finden die Schülerinnen und Schüler immer sehr spannend. Sie haben schon während der Informationsphase zahlreiche Erinnerungen und Assoziationen, die noch gezielt gefördert werden, wenn man sie auffordert, in Kleingruppen oder im Plenum Beispiele zur Veranschaulichung aus ihrem Erfahrungsbereich zu erzählen. Dadurch können sie das Erlebte vor dem Hintergrund der Theorie neu einordnen und verstehen. Vor allem wird ihnen deutlich, wie enorm wichtig es ist, die Akzeptanz durch die Mehrzahl ihrer Gruppe zu erfahren, und wie bitter es ist, ausgeschlossen zu sein.

4.1 Mobbing oder Bullying in der Schulklasse

Die Aufnahme in die Gruppe, die Orientierung, Schutz und Anerkennung bietet, ist leider keineswegs sicher. Schon im Kindergarten und in der Grundschule haben viele Jungen und Mädchen entweder am eigenen Leibe erlebt oder bei anderen gesehen, wie schmerzhaft es ist, wenn man nicht anerkannt und aufgenommen wird. Der Prozess des Zusammenschlusses der Mehrheit gegen einen oder einige wenige Außenseiter läuft zwar weitgehend unbewusst ab, aber doch sehr planvoll. Er wird mehr vom Gefühl als vom Verstand gesteuert. Wird auch der Mechanismus der Gruppenbildung nicht voll durchschaut, so ist das Ergebnis doch für alle augenscheinlich: „Der" steht draußen, die anderen sind „in".

Der den Mitgliedern nicht bewusste Sinn besteht darin, dass hierdurch der Zusammenhalt der Gruppe gefestigt wird: „Wir halten gegen den da zusammen." (Integrationsfunktion). Das ist eine sehr wichtige Funktion, die auch in großem Maßstab innerhalb von Gesellschaften und zwischen Völkern abläuft. Das äußere Feindbild fördert den inneren Zusammenhalt. Weitere psychologische Funktionen dieser Art der Gruppenbildung, die den Prozess noch stabilisieren, sind Folgende:

Selbstwerterhöhung: „Ich bin kein Außenseiter, ich bin (trotz meiner schlechten Schulnoten) ein besserer Mensch als du."

Aggressionsrealisation: An dem allein stehenden Außenseiter kann man seine Aggressionen abreagieren, ohne dass jemand eingreift, weil man von der Mehrheit unterstützt wird.

Projektion: Was man bei sich selbst nicht duldet, wird dem Außenseiter zugeschrieben: „Der ist ängstlich! Ich doch nicht!."

Den Außenseitern geht es schlecht, das haben alle schon mitbekommen, auch wenn die Ausgegrenzten meistens ihr Leiden verbergen. Und noch etwas ist klar: Man kann leicht selbst in die Außenseiterposition geraten, denn die Gruppe bestimmt, wer in und wer out ist. Wenn als Mehrheitsmeinung vorgegeben wird, „Der ist dumm", hat der Einzelne keine Chance, das Gegenteil zu beweisen, auch wenn er der intelligenteste Schüler der Klasse wäre.

In vielen Fällen geraten jedoch diejenigen in die Randposition, die von der allgemeinen Norm abweichen, also diejenigen, die einen anderen Dialekt sprechen, eine Behinderung aufweisen, kleiner oder größer als der Durchschnitt sind, schüchterner oder unbeholfener wirken, einer anderen politischen oder religiösen Weltsicht anhängen usw. Und leider zählen auch diejenigen, die in einer Gruppe schon einmal Außenseiter waren, zu den besonders Gefährdeten. Aus Sorge, wieder ausgegrenzt zu werden, versuchen viele, vorzubeugen. Das kann z. B. darin bestehen, möglichst wenig von sich zu zeigen, um sich nicht den Angriffen wegen ungeschickter Beiträge auszusetzen. Dann besteht häufig die Tendenz, sie in die Rolle des Angsthasen, des Mauerblümchens zu bringen. Oder aber, der früher Ausgegrenzte will in der neuen Klasse um eine bessere Position kämpfen und sich entsprechend selbstbewusst darstellen. Dann droht die Gefahr, dass er in die Rolle des Aufschneiders oder des Sich-Aufdrängenden gerät und damit dann doch wieder von der Mehrheit gehänselt oder isoliert wird.

Weil jeder weiß, wie fatal die Position des Ausgegrenzten ist, droht die Mehrheit bisweilen auf subtile Art und Weise Einzelnen damit, die die Normen nicht erfüllen, aber noch nicht an den Rand gedrückt worden sind, dass sie ebenfalls zu Außenseitern werden könnten. Damit die auf solche Weise Bedrohten aber auf gar keinen Fall in die Nähe des Außenseiters gerückt werden, müssen sie mitmachen, sich der Gruppennorm anpassen, müssen „besondere Anpassungsleistungen" (z. B. Mobben des Außenseiters) erbringen, um ihre Plätze in der Hierarchie der Klasse zu halten und zu verbessern. Das ist für viele wichtiger als gute Noten oder Anerkennung durch den Lehrer oder die Lehrerin. So wundern sich bisweilen Lehrkräfte, dass die einzelne Schülerin, der einzelne Schüler im direkten Gespräch ganz vernünftig, im Klassenverband mit ihrem bzw. seinem Verhalten in Anwesenheit der Gruppe aber völlig unerträglich und unzugänglich ist.

Verknüpfung der eigenen Erfahrungen mit der Theorie

Auch wenn den Schülern und Schülerinnen die Gefahr bewusst ist, wie leicht man in die Außenseiterrolle geraten kann, sind sie doch zum größten Teil der Ansicht, dass die Ausgegrenzten „ihrer" Klasse mit ihrem merkwürdigen Verhalten, ihrem komplizierten Charakter oder ihrer unmöglichen Aufmachung selbst daran schuld seien. Deshalb sollen die Schüler in Kleingruppen sich gegenseitig berichten, wie sich Außenseiter in früheren Klassen verhalten haben. Sie wählen aus der Vielzahl der Fälle einen aus, der später im Plenum vorgetragen wird.

In der Plenumsphase berichten die Schüler von ihren Erfahrungen und die Lehrkraft hält an der Tafel fest, welche der typischen Verhaltensweisen von Außenseitern auftreten, die in der nachfolgenden Informationsphase vorgestellt werden.

Typische Abwehrstrategien der Ausgegrenzten

Im Laufe der Zeit bilden Außenseiter ein Abwehrverhalten heraus, das Außenstehenden oft unverständlich erscheint, da es ihnen noch zusätzlich schadet, ja von der Klasse als die Ursache für die Ausgrenzung gedeutet wird. Im Folgenden wird eine Typologie dargestellt, die in der Praxis selten ganz rein vorkommt und häufig verschiedene Kombinationen bildet.

Die einzelnen Typen

Wer sich ständig von den Mitschülern abgewertet fühlt, wertet sich unter Umständen selbst auf, indem er sich prestigeträchtige Gegenstände zulegt oder von irgendwelchen Meisterleistungen, unabhängig davon, ob diese wahr oder erfunden sind, berichtet. Die Klasse urteilt dann: „Das ist ein Angeber!" Dabei kopieren die Außenseiter oftmals nur das Verhalten der Gruppenführer. Doch was bei denen, die in der Gruppenhierarchie höher stehen, geduldet und geachtet wird, wird dem Ausgegrenzten als Fehler angekreidet.

Wer sich ausgestoßen fühlt, bemüht sich u. U. sehr, in eine Untergruppe aufgenommen zu werden oder wenigstens einen Freund zu finden. Das Urteil der Klasse lautet: „Der drängt sich unangenehm auf!"

Wer niemals in die Gruppe aufgenommen wurde, sucht sich oft einen neuen und mächtigeren Bündnispartner in der Lehrkraft. Das Urteil der Klasse lautet dann: „Ein widerlicher Schleimer!"

Wer sich in der Klasse nur noch unwohl fühlt, zieht sich zurück und äußert sich kaum noch („Angsthase!", „Mauerblümchen!") oder flüchtet. Das Urteil der Klasse ist dann: „Der schwänzt schon wieder!"

Wer schon oft benachteiligt und hereingelegt worden ist, ist misstrauisch und immer auf der Hut, dass er nicht noch schon wieder übervorteilt wird. Das Urteil der Klasse lautet dann: „Ein krasser Egoist!"

Wem schon häufiger Missgeschicke geschehen sind, steht unter besonderem Stress, so dass ihm noch leichter Fehler passieren. Das Urteil der Klasse lautet dann: „So ein Dappes!"

Wer sich dem Druck der Rollenerwartung, nachdem er sich einmal mit Späßen in den Mittelpunkt gestellt hat, nicht entziehen kann, produziert immer wieder die von allen gewünschten Albernheiten. Das Urteil der Klasse lautet dann: „So ein lächerlicher Klassenclown!"

Auch die Lehrkräfte ärgern sich oft über Störungen der Jugendlichen wie ausgedehnte Selbstdarstellung, Anbiederei, Sich-in-den-Vordergrund-Drängen, Schulschwänzen, Clownereien und unsoziales Verhalten. Aber häufig sind diese Handlungen unerkannt Ausdruck der Angst vor Isolation, des Kampfes um Anerkennung oder des Leidens unter dem Psychoterror. Solche Schülerinnen und Schüler brauchen Hilfe und dürfen nicht noch zusätzlich bestraft werden.

Die Klasse und die meisten Lehrkräfte nehmen nur das aktuelle Verhalten des Außenseiters wahr. Von den Ursprüngen, die auf der Ausgrenzung aus einer Gruppe beruhen, wissen sie nichts. Sie können es auch vor allem dann nicht wissen, wenn der Anfang in einer ganz anderen Gruppe lag, das Abwehrverhalten sich aber gewissermaßen eingebrannt hat und den Einzelnen nicht mehr als Opfer, sondern als merkwürdigen Sonderling erscheinen lässt, der an seiner Lage selbst schuld zu sein scheint. Deswegen greifen die Lehrkräfte nicht zu seinen Gunsten ein und deswegen haben die Mitschüler keine Schuldgefühle bei ihren verbalen und nonverbalen Angriffen.

Allerdings ist diese „Hilfe" ein äußerst schwieriges Geschäft, weil die Mehrheit sich gegen eine Veränderung der Klassenhierarchie wehrt, die ihnen Schutz, Anerkennung und Stabilität garantiert. Wer sich für den Außenseiter einsetzt, dem wird entgegengehalten, dass alles doch nur ein harmloser Scherz sei und dass derjenige selbst schuld sei, da er so sehr prahle, sich anbiedere, schwänze usw.

Lehrkräfte, die Mitleid mit den Außenseitern empfinden und ihnen spontan helfen wollen, empfehlen ihnen oft, diese Verhaltensweisen, an denen die Mehrzahl Anstoß nimmt, doch einfach sein zu lassen – also nicht mehr den Clown zu spielen, nicht mehr zu prahlen, sich nicht mehr anzubiedern usw. Wenn die Opfer dann dem wohl meinenden Lehrer versprechen, sich nicht weiter unangenehm zu verhalten, wird bald deutlich, wie schwierig es ist, das Versprechen einzuhalten. Denn unter sozialem Stress halten sie an ihrem ungünstigen Verhalten fest, selbst in einer neuen Situation oder in einer neuen Klasse, wenn es gar nicht notwendig wäre, weil keine (oder noch keine) Ausgrenzung vorliegt.

Manchmal sind für den Außenstehenden nur die aktiven Mobber zu erkennen, denn die eigentlichen Drahtzieher, die dieses Verhalten wünschen und dazu anstacheln, bleiben im Hintergrund verborgen. Diejenigen, die am intensivsten Scherze treiben, hänseln, spotten und diskriminieren, sind bisweilen sogar ängstliche Schüler, die fürchten, selbst in die Außenseiterposition zu geraten, und sich deshalb besonders hervortun, damit sie als Mitglied der Mehrheit anerkannt werden.

Eigene Erfahrungen und Theorie

Bei Diskussionen in der Klasse ist damit zu rechnen, dass die Schüler der Theorie widersprechen und meinen, bei „ihrem" Außenseiter sei das ganz anders gewesen, der habe sich ohne Grund unsinnig verhalten. Er hätte wissen müssen, was er hätte machen und was er hätte lassen sollen.

Manchmal reicht es aus, wenn man aufzeigt, wie irrational die Schüler sich selbst verhalten, wenn sie z. B. nicht lernen, obwohl die Gefahr besteht, dass sie das Klassenziel oder den Verbleib auf der Schule riskieren.

Im Stress handeln wir anders als in den Zeiten, in denen wir entspannt sind. Aber die auf Emotionen beruhenden Reaktionen sind schneller und mächtiger als der Gebrauch des Verstandes. Bei einigem Nachdenken können die Schülerinnen und Schüler eine ganze Reihe von Handlungen aufzählen, bei denen sie im Stress spontan in einer Weise gehandelt hatten, wie sie es eigentlich nicht wollten. So können sie auch Verhaltensweisen von Opfern verstehen, die bei ruhiger Überlegung und aus dem Abstand heraus betrachtet, falsch, aber in der jeweiligen Drucksituation durchaus verständlich sind.

Ein weiteres Hindernis bei der Integration von Ausgegrenzten ist die Psychologie des Vorurteils. Alles, was dem Außenseiter an Ungeschick widerfährt oder was er an Fehlleistungen produziert, wird als typisch für ihn betrachtet und stößt ihn wieder in die Außenseiterrolle zurück. Positives Verhalten wird dagegen, wenn es überhaupt registriert wird, als Ausnahme angesehen. Wenn z. B. der Ungeschickte das Thermometer fallen lässt und es zerbricht, stöhnen alle auf: „Dem darf man nichts in die Hand geben!" Passiert es einem anderen Gruppenmitglied, dann ist es eben eine Ausnahme, die jedem einmal passieren kann. Wenn der so an den Rand Gedrängte seine negative Rolle schließlich akzeptiert, wird er im Sinne der „self-fullfilling prophecy" aus dieser unglücklichen Lage nur noch mit äußerster Anstrengung oder fremder Hilfe (z. B. Psychotherapie) wieder herauskommen.

Im Rückgriff auf die Erkenntnisse aus der Entwicklungspsychologie ist noch einmal zu zeigen, wie wichtig es ist, von der Gruppe der Jugendlichen anerkannt zu werden. Ausgrenzung führt zu einer Verminderung der Lebensfreude und meistens zugleich der Leistungsfähigkeit und bei längerer Dauer auch zu körperlichen oder psychischen Erkrankungen.

Was die Schüler lernen können

- Die Klassensituation stellt für die Außenseiter einen sozialen Stress dar.
- Aber auch für „Zuschauer", die mit dem Geschehen nicht einverstanden sind, es jedoch nicht wagen, gegen die Überzahl aufzutreten, ist das Klassenklima nicht erträglich.
- Unter ungünstigen Umständen kann jeder in die Situation des Außenseiters geraten.
- Besonders gefährdet sind diejenigen, die in irgendeiner Weise von der Norm abweichen: Ausländer, Behinderte, Angehörige einer anderen Religion usw.
- Ständig ausgegrenzt zu werden kann zu körperlichen und seelischen Erkrankungen führen.
- Im Stress neigen Menschen dazu, sich irrational zu verhalten. Sie brauchen Hilfe und nicht Ablehnung.

- Die Hilfe kann in offenen Gesprächen bestehen, in denen man sein Mitgefühl zum Ausdruck bringt, und darin, sich vor denjenigen zu stellen, wenn ihn andere angreifen.
- Wer sich zur Einfühlung nicht im Stande sieht, soll wenigstens akzeptieren, dass andere anders sind und sie nicht deswegen verurteilen (Ambiguitätstoleranz).

Die Schüler und Schülerinnen sollen nun prüfen, ob sie das Verhalten der zuvor geschilderten Außenseiter mit diesem Modell erklären können. Die Überlegungen werden im Plenum diskutiert.

Im Mobbingfall intervenieren

Wenn es in der Klasse einen Fall von Mobbing gibt, kann meistens nicht gewartet werden, ob die Schülerinnen und Schüler Zivilcourage entwickelt haben, sondern es muss gleich reagiert werden, um weiteren Schaden von dem Opfer abzuwenden.

Was die Eltern tun können

Die Eltern müssen auf jeden Fall zu ihrem Kind stehen, wenn es zum Mobbingopfer geworden ist. Vorwürfe, vorschnelle Ratschläge und Panik der Eltern verhindern, dass es zu einer vertrauensvollen Atmosphäre in der Familie kommt, die den Betroffenen das Gefühl geben, wenigstens zu Hause geborgen zu sein. Wird der Außenseiter auch noch von den Eltern unter Druck gesetzt, wächst die Belastung. Erkrankung und Schulversagen können folgen.

Als Erstes muss ein Gespräch mit der Tochter bzw. dem Sohn geführt werden, um den Sachverhalt genau zu klären. Dabei empfiehlt es sich, ebenfalls die Technik des aktiven Zuhörens anzuwenden, wie es Thomas Gordon (1996) vorstellt. Für Eltern gibt es an vielen Volkshochschulen Kurse, um die Gesprächstechnik zu üben. Eine erste Entlastung bedeutet es für die Kinder und Jugendlichen, wenn sie die gruppendynamischen Prozesse, die zum Mobbing führen, verstehen können.

Für das Gespräch mit dem Klassenlehrer bzw. der Klassenlehrerin müssen detaillierte Protokolle mit Datum und Namensnennung angefertigt werden, denn oft haben die Lehrkräfte gar nicht wahrgenommen, was sich in der Klasse an verborgenen Aktivitäten entfaltet, geschweige denn, was auf dem Schulhof und Schulweg passiert. Außerdem ist in der Regel jedes Detail für sich (Tasche versteckt, gehänselt, Schwamm auf den Stuhl gelegt ...) eine Belanglosigkeit, die ein Schüler wegstecken kann, aber die Summe und Häufigkeit, das Fehlen von Anerkennung und Akzeptanz machen erst den Psychoterror aus. Und um das dokumentieren zu können, ist eine genaue Aufzeichnung der Vorfälle unumgänglich.

Von der Lehrkraft erhalten die Eltern dann aus deren Sicht ebenfalls Informationen über ihr Kind und können besser verstehen, was sich in der Klasse abspielt. Es gibt Fälle, in denen das typische Abwehrverhalten aus vorherigen Lerngruppen sich verfestigt hat und in dieser Situation gar nicht als Verteidigung notwendig wäre, die Klasse aber die Verhaltensweisen des Einzelnen kritisiert und ablehnt. Dann ist es sinnvoll, mit seinem Kind in Gesprächen die Angst zu verringern und Verhaltensänderungen anzustreben (eventuell mit Hilfe eines Therapeuten). Man muss sich aber im Klaren darüber sein, dass der Schüler die Klassensituation als sozialen Stress empfindet und nur begrenzt zu rationalem Handeln fähig ist, auch wenn es in häuslicher Umgebung ausführlich besprochen wurde.

 **Was die Lehrkräfte tun können**

Die Lehrkräfte müssen sich über Mobbing informieren, welche Folgen es hat und welche Möglichkeiten der Intervention es gibt. Dann muss ein Einzelgespräch mit dem betroffenen Schüler geführt werden, um das Ausmaß und die Hintergründe zu erfahren.

Das Beste, aber auch das schwierigste Verfahren ist es, die

Mobbingproblematik mit der ganzen Klasse zu erörtern, weil dann für alle soziales Lernen ermöglicht wird. Die Voraussetzung hierfür ist nicht nur ein Vertrauensverhältnis zur Klasse, sondern auch die Zustimmung des Mobbingopfers. Die Opfer haben anfangs zwar große Angst davor, doch kann die Lehrkraft erklären, dass die Situation ohnehin allen bekannt ist und es nicht mehr schlimmer, sondern nur noch besser werden kann. Die Lehrkraft sollte dem betroffenen Kind oder Jugendlichen unbedingt erläutert, wie man vorgehen wird.

Das Vorgehen gestaltet sich so, dass an einem „Fall" aus der Literatur die Hierarchie und die gruppendynamischen Prozesse in einer Klasse mit Ursachen und Folgen dargestellt werden. Dazu eignen sich nicht nur bekannte Bücher wie z. B. Kästners „Das fliegende Klassenzimmer" oder Hesses „Unterm Rad", es gibt eine ganze Reihe von Kinder- und Jugendbüchern zum Thema Mobbing (z. B. De Zanger 1999 (der Roman ist für die Oberstufe geeignet); Thor 2004 (für die Sek. I); Welsh 2001 (für die Grundschule geeignet); genaue Angaben, s. Literaturliste)

Es müssen nur diejenigen Teile bearbeitet werden, an denen man die Klassenproblematik verdeutlichen kann. Die Lehrkräfte können auch selbst Texte schreiben, die nicht offensichtlich die Verhältnisse in der Klasse widerspiegeln. An fremden (fiktionalen) Personen lassen sich Hintergründe, Methoden und schlimme Auswirkungen unvoreingenommen erarbeiten. Wenn dieses Material zur Analyse von Gruppenprozessen vorhanden ist, können zunächst Erfahrungen der Schülerinnen aus anderen Gruppen und früheren Klassen besprochen werden. Die Überleitung auf die derzeitige Situation in der Klasse ergibt sich dann fast zwangsläufig.

Wenn das Mobbing-Opfer oder die Eltern nicht einverstanden sind, die Situation in der Klasse anzusprechen oder wenn die Lehrkraft es sich nicht zutraut, kommt eine andere Maßnahme infrage: das Opfer langsam aus der Rolle des Außenseiters herausholen, ein anderes Bild von ihm aufbauen. Das ist zwar langwieriger, zugleich aber auch leichter, weil es keine Widerstände der Mehrheit dagegen gibt. Der Nachteil dabei ist jedoch, dass nicht alle Schülerinnen und Schüler am Lernprozess beteiligt sind, die Hilfe für den Einzelnen im Vordergrund steht. Die Lehrkraft muss die Stärken des Außenseiters im Unterricht zur Geltung bringen, aber so, dass es der Klasse nicht als Intervention auffällt.

> Die Lehrkraft fragt: „Wer kann die Ergebnisse auf dem Plakat festhalten?", „Wer kann den Versuch vorführen?", „Wer macht die Fotos?" und wählt dann den ausgegrenzten Schüler dafür aus. Die Lehrerin bzw. der Lehrer kann ihn dabei unterstützen, damit der Beitrag gut gelingt. Das Lob muss sachlich und knapp ausfallen, eine übertriebene „Lobeshymne" würde dem Schüler nur schaden.

Auf Dauer wird sich das Bild des Außenseiters ins Positive wandeln. Der nächste Schritt ist dann, ihn in den Gruppen mitarbeiten zu lassen, damit Vertrautheit und Nähe entstehen kann. Die Lehrkraft muss diesen Prozess in Gesprächen mit dem Einzelnen begleiten, ohne dass die Klasse davon erfährt. Besser ist es jedoch, wenn viele Kolleginnen und Kollegen einbezogen werden und in ihrem Unterricht entsprechend verfahren.

Die Lehrer und Lehrerinnen stoßen jedoch an ihre Grenzen, wenn massive psychische Störungen bei dem Opfer oder bei einem maßgeblichen Mobbingtäter vorliegen. Bei einer vermuteten Erkrankung des Außenseiters sind in erster Linie die Schulpsychologen gefragt, die auf Antrag des betroffenen Schülers bzw. seiner Eltern oder der Lehrkräfte für ihn tätig werden. Es gibt noch eine Reihe weiterer Institutionen wie z. B. das Jugendamt, die angerufen werden können.

Wenn die Aggressionen des Täters über jedes Maß hinausgehen, muss man die Schulleitung einschalten, die pädagogische Maßnahmen und Ordnungsmaßnahmen einleiten kann und eine ganze Reihe von Möglichkeiten hat, mit anderen Institutionen und Behörden zusammenzuarbeit (z. B. auch mit der Polizei).

Wenn die Situation in der Klasse von Zersplitterung in einzelne Stunden, von permanenten Unterrichtsstörungen und zu vielen Schülern gekennzeichnet ist, ist die erforderlichen

Atmosphäre zur Bearbeitung sozialer Probleme nicht gegeben. Dann müssen zuvor Maßnahmen auf schulischer Ebene getroffen werden wie Klassenteilung und Stundenplanumstellung.

Mobbing präventiv begegnen

Die Entwicklung der Zivilcourage hemmt oder verhindert Mobbing in der Klasse. Doch diese Entwicklung braucht Zeit. Es gibt eine Reihe von Programmen, die das soziale Lernen fördern und sich in der Schule bewährt haben. Ein sehr gutes Beispiel ist „Erwachsen werden, Life-Skills-Programm für Schülerinnen und Schüler der Sekundarstufe I" (Wilms/Wilms 2003). Wenn keine Hilfe von außen zur Verfügung steht, empfehlen wir zur Vorbeugung zwei bewährte Methoden, die wir mit „Talkshow" bzw. „Selbstbild/Fremdbild" überschrieben haben.

Talkshow

Dieses Verfahren bewährt sich in neu zusammengesetzten Klassen, zum Beispiel beim Übergang von der Grundschule in die 5. Klasse oder beim Eintritt in die Berufsschule oder gymnasiale Oberstufe. Am Ende eines Schultages bittet die Lehrkraft einen Schüler oder eine Schülerin auf einen Stuhl neben sich.

Die Talkshow beginnt mit allgemeinen Fragen („Wie alt bist du?", „Von welcher Schule kommst du?", „Welches Fach gefällt dir besonders gut, welches magst du gar nicht?") und geht dann zu privaten Fragen über („Wie viele Geschwister hast du?", „Was machst du in deiner Freizeit?"). Nach einiger Zeit kann das Gespräch vorsichtig auf die Beziehungen innerhalb der Klasse gelenkt werden („Hat es dir in deiner vorherigen Schule besser gefallen oder findest du es hier besser, und warum?", „Hast du dich schon mit anderen Schülern angefreundet?"). Es ist angebracht, am Anfang selbstsichere Kinder und

Jugendliche auszuwählen, weil es dann den Zurückhaltenderen leichter fällt, den Talkgast zu spielen. Fast immer wollen alle am Interview teilnehmen. Nach einiger Zeit dürfen auch die Mitschüler Fragen stellen, wobei die Lehrkraft indiskrete, unverschämte oder herabsetzende Äußerungen zurückweisen muss.

Nach unseren Erfahrungen waren die Schüler von der „Talkshow" immer begeistert. Dadurch entsteht leichter ein vertrauensvolles Verhältnis innerhalb der Klasse und Mobbing wird es nur in seltenen Fällen geben.

 ## Selbstbild und Fremdbild

Sehr viel Zeit und Energie verwenden die Schüler darauf, ihr Image in der Klasse aufzubauen, zu verteidigen oder zu korrigieren. Oftmals wird zu diesem Zweck ein Opfer in der Klasse gesucht, auf dessen Kosten sich der Einzelne profilieren kann. Wenn jeder genau weiß, wie er eingeschätzt wird, gibt es weniger Unsicherheit und Selbstdarstellungsversuche. Das Klima verbessert sich. Man weiß, was die anderen von einem denken, kann mehr von sich geben und fühlt sich wohler und sicherer in der Gruppe. Mithilfe des Johari-Fensters kann dies veranschaulicht werden (siehe Tab. 5). Dabei haben die Eintragungen in den vier Quadranten folgende Bedeutung:

„**Quadrant I**, der Bereich der freien Aktivität, sagt etwas aus über Verhaltensweisen und Motivationen, die einem selbst und anderen bekannt sind.

Quadrant II, der Bereich des blinden Flecks, bezeichnet das Gebiet, wo andere Dinge in uns sehen können, von denen wir selbst nichts wissen.

Quadrant III, der Bereich des Vermeidens oder Verbergens, stellt Dinge dar, die wir selbst wissen, aber anderen nicht offenbaren (z. B. ein geheimes Programm oder Dinge, in Bezug auf die wir empfindlich sind).

▼ **Tab. 5:** Das Johari-Fenster (nach Luft 1977, 23)

	Dem Selbst bekannt	Dem Selbst nicht bekannt
Den anderen bekannt	I Bereich der freien Aktivität	II Bereich des blinden Flecks
Den anderen nicht bekannt	III Bereich des Vermeidens/Verbergens	IV Bereich der un-bekannten Aktivität

Quadrant IV ist der Bereich der unbekannten Aktivität. Weder das Individuum noch andere Menschen bemerken bestimmte Verhaltensweisen oder Motive. Wir können jedoch annehmen, daß sie existieren, denn am Ende treten einige dieser Dinge zutage; dann wird erkannt, daß diese unbekannten Verhaltensweisen und Motive die ganze Zeit schon die Beziehungen beeinflusst haben.

In einer neuen Gruppe ist der Quadrant I sehr klein; es gibt nicht viel freie und spontane Interaktion. Je mehr die Gruppe wächst und reift, desto mehr vergrößert sich Quadrant I. Das bedeutet gewöhnlich, daß wir freier sind, uns so zu benehmen, wie wir sind, und andere so wahrzunehmen, wie sie wirklich sind. Je größer Quadrant I wird, desto mehr schrumpft der Bereich des Quadranten III zusammen. Wir empfinden es als weniger notwendig, Dinge, die wir wissen oder fühlen, zu verbergen oder zu leugnen. In einer Atmosphäre des wachsenden gegenseitigen Vertrauens besteht ein geringeres Bedürfnis, Gedanken oder Gefühle, die zur Situation gehören, zu verbergen. Quadrant II nimmt langsamer an Umfang ab, denn gewöhnlich gibt es „gute" psychische Gründe dafür, daß wir den Dingen gegenüber blind sind, die wir fühlen oder tun. Quadrant IV verändert sich während eines „Lernlaboratoriums" ein wenig, aber wir dürfen annehmen, dass derartige Veränderungen sogar noch langsamer vor sich gehen als im Quadranten II. Auf jeden Fall ist Quadrant IV zweifellos in den Beziehungen eines Individuums viel größer und einflußreicher, als es die hypothetische Skizze zeigt." (Luft 1977, 23)

Mithilfe des im Folgenden von uns entwickellten Rückmeldebogens können wesentliche Teile des Bereichs II (blinder Fleck) in den Bereich I hinüberwandern und so zu mehr Offenheit und Sicherheit in der Klasse beitragen.

Bei diesem Verfahren erfährt jeder, wie ihn die anderen einschätzen (Dambach 2002, 110ff). Das in Tabelle 6 vorgestellte Beispiel dient der Veranschaulichung, es ist keineswegs universell einsetzbar, sondern muss für jede Klasse neu konzipiert werden.

▼ Tab. 6

Name des Schülers: Michael Müller					
Eigenschaften	1	2	3	4	5
fleißig					
intelligent					
ängstlich					
freundlich					
selbstbewusst					
einfühlsam					
ehrlich					
nervig					
hinterhältig					
unangenehm					
rechthaberisch					
gewalttätig					

Eigenschaften	1	2	3	4	5
unterwürfig					
aufgeregt					
hilfsbereit					
verbissen					
gutmütig					
selbstständig					
langweilig					
cool					
verklemmt					
sportlich					
angriffslustig					
redegewandt					
verschlossen					
prahlerisch					
überheblich					
pessimistisch					
passt sich leicht an					
lustig					
verträumt					
naiv					
empfindlich					
einzelgängerisch					
anbiedernd					
angenehm im Umgang					
egoistisch					
gut aussehend					
kräftig					

Bedeutung der Ziffern:
1 = trifft voll zu   5 = trifft überhaupt nicht zu

Da jeder jeden (anonym) einschätzt, braucht man sehr viele Exemplare: bei 20 Schülern 400, denn jeder Einzelne erhält einen Bogen mit jedem Namen. Man muss sich darüber im Klaren sein, das kein Begriff exakt trennscharf ist. Mehrdeutigkeiten und Missverständnisse lassen sich auch nach langer Diskussion nicht ganz ausräumen. Einen gewissen Ausgleich gibt es durch die große Zahl der Items. Trotz dieses Mankos ist aber die Rückmeldung für alle wertvoll und hilfreich.

Zunächst bearbeitet jeder Schüler seine eigene Liste und macht bei jeder Eigenschaft dort ein Kreuz, wo er meint, dass es für ihn zutrifft – sein Selbst-Selbst-Bild. Anschließend überlegt er, wie ihn wohl die anderen sehen, und macht dort einen Kreis – sein Selbst-Fremd-Bild. Das kann sehr differieren. Ein Schüler kann sich z. B. für „empfindlich" halten, dabei aber gleichzeitig der Ansicht sein, die anderen hielten ihn für robust. Wie sie ihn wirklich einschätzen, erfährt er, wenn er die Einschätzungen der anderen erfährt.

Die Überraschung der Schüler darüber, wie sie von den anderen eingeschätzt wurden, war immer außerordentlich groß. Meistens dauerte es eine Weile, bis das Gespräch in Gang kam. Aber dann drückten doch viele ihr Erstaunen oder ihr Entsetzen über die Beurteilung ihrer Eigenschaften durch die anderen Schüler aus. Es gab Nachfragen und manches Rollenverhalten veränderte sich nachhaltig.

So hatte ein Junge z. B. geglaubt, er müsse seine Ansicht immer und immer wiederholen, damit sie überhaupt zur Kenntnis genommen werde, denn kaum jemand reagierte darauf. Jetzt erfuhr er erst, dass er damit den anderen auf die Nerven ging. Deshalb vermieden sie die Kommunikation mit ihm und nicht deshalb, weil er sich nicht deutlich genug geäußert hätte.

Für jeden Einzelnen erhöht sich also die Transparenz in der Frage, wie er von anderen gesehen wird. Die Lehrkraft hat jedoch grundsätzlich keinen Einblick in die Einzelergebnisse. Sie weiß nur, was ihr einzelne Schülerinnen und Schüler erzählen, ihre Aufgabe ist es, die Diskussion zu moderieren und für Einzelgespräche zur Verfügung zu stehen.

5 Das Wort ergreifen – Zivilcourage in der Klasse

Wer ausgegrenzt wird, sucht nach Menschen in einer ähnlichen Lage, nach einem Kreis, der Verständnis und Geborgenheit verspricht. Die Not des Ausgegrenzten kann von extremen politischen und weltanschaulichen Gruppen ausgenutzt werden. Sie bieten die ersehnte Anerkennung in ihrem Kreis. Der Preis, den das Mobbingopfer für die Aufnahme in die Gruppe und für die Anerkennung zahlen muss, ist allerdings hoch: Es muss Inhalte und Methoden der extremen Gruppe akzeptieren und sogar verteidigen.

Christian, der in der Klasse ständig gehänselt und verachtet wird, steht allein und unglücklich auf dem Schulhof. Ein anderer Jugendlicher, den er nur vom Sehen kennt, gesellt sich zu ihm. Worüber sie reden, das ist für Christian nicht wichtig. Wichtig ist, dass er, für alle ersichtlich, nicht einsam auf dem Schulhof steht. Nach einiger Zeit lädt der neue Freund ihn zu sich nach Hause ein, wo sich noch andere einfinden. Schnell merkt Christian, dass das Verbindende der Gruppe eine ausgeprägte Ausländerfeindlichkeit ist. Christian teilt keineswegs ihre Ansichten. Als er noch in der Grundschule war, war sein bester Freund ein Junge aus Serbien. Doch das erzählt er in diesem Kreis nicht.

Hier kann Christian berichten, wie schlecht er in seiner Klasse behandelt wird. Die anderen solidarisieren sich mit ihm und sind bereit, ihn bei Angriffen zu verteidigen. Das verschafft ihm vermeintlichen Respekt in seiner Klasse.

Um jedoch in der neuen Gruppe akzeptiert zu werden, muss er ausländerfeindliche Parolen gutheißen und entsprechende Beiträge liefern, selbst wenn er ganz anderer Meinung ist. Lange hadert er mit dem Widerspruch, dass er etwas anderes sagt als es seiner Überzeugung entspricht. Schließlich passt sich sein Weltbild dem seiner Gruppe an.

Das ist nur eine mögliche (und nicht sehr häufige, aber bedeutsame) Folge von Ausgrenzung. In der überwiegenden Zahl der Fälle führt dies (wie schon dargestellt)

- zu einer Beeinträchtigung oder Schädigung der Opfer,
- zu einer ängstlich-passiven Einstellung der Zuschauer, die sich überfordert fühlen, der Diskriminierung Einhalt zu gebieten,
- zu mehr Aggressivität der Mitläufer, die auf der Seite der Sieger und nicht der Verlierer stehen wollen,
- zu einer Bestätigung der Täter, die Anerkennung und Respekt der Gruppe erhalten.

Damit es nicht so weit kommt, müssen die ausgrenzenden Verhaltensweisen gegen einzelne Schülerinnen und Schüler frühzeitig erkannt und unterbunden werden. Das kann eine Aufgabe der Lehrkräfte sein, besser ist es jedoch, wenn die Kinder und Jugendlichen selbst in der Lage sind, Mobbing und Diskriminierung zu beenden.

Damit die Schüler und Schülerinnen es wirklich wagen, in konkreten Fällen couragiert einzugreifen, muss angemessenes Verhalten in komplexen Situationen eingeübt werden. Die Lehrkräfte haben die Aufgabe, die Schüler auf unterschiedlichen Ebenen anzusprechen:

- den Verstand, der sich aufgrund von Wissen und Einsicht gegen die Ausgrenzung wehrt.
- das Gefühl, das aufgrund von Einfühlung Partei ergreift.
- die Handlung, die beherzt der Einsicht und dem Mitgefühl folgt und andere Argumente (meistens Ausreden wie z. B. Zeitknappheit) und Gefühle (z. B. Angst) in den Hintergrund drängt.

5.1 Unterrichtseinheit: Ein Schüler wird ausgelacht

Wir stellen im Folgenden eine Reihe von Unterrichtssequenzen vor, die als Vorlage für eigene Unterrichtskonzepte dienen können.

Ein Schüler, der unter Stress stottert und von den anderen ausgelacht wird, äußert sich gar nicht mehr im Unterricht. Die Klassenlehrerin hat deshalb Auslachen unter Strafe gestellt und nimmt ihn – auf seinen Wunsch hin – nicht mehr mündlich dran, sondern schaut bei Stillarbeiten und Hausaufgaben, ob er im Unterricht mitkommt.

Eines Tages wird ein Lehrer in die Klasse für eine Stunde zur Vertretung der erkrankten Kollegin eingesetzt. Er weiß nichts von dieser Besonderheit und will den Schüler aufrufen, der aber hartnäckig stumm bleibt. Nach seiner dritten Aufforderung ruft einer: „D-Du bibibist d-dran!" Das Gelächter der andern ist infernalisch.

Aufgabe zur Bearbeitung in Kleingruppen (Die Fragen sind nur erforderlich, wenn die Gruppe keinen geeigneten Ansatzpunkt zur Erörterung findet.):

1. Warum lacht die Klasse?
2. Wie geht es dem Schüler mit dem Sprachfehler?
3. Wenn es Schüler in dieser Klasse gibt, die mit dem Verhalten der Mehrheit nicht einverstanden sind: Was könnte sie daran hindern, sich auf die Seite des stotternden Jungen zu stellen?
4. Was kann ein Schüler in dieser Situation unternehmen, um dem Jungen zu helfen?
5. Mit welchen Widerständen der Gruppe muss er rechnen?
6. Stellt diese Verhaltensmöglichkeiten in einem kurzen Rollenspiel dar.

Für die Bearbeitung des Falles sollen die Schüler ihr Wissen über Gefühle, Kommunikation und Gruppendynamik einsetzen, alternative Handlungen im Rollenspiel erproben und von

Erfahrungen mit ähnlichen Situationen berichten. Gesichtspunkte, die bei der Beantwortung der Fragen eine Rolle spielen können:

Zu 1. Warum lacht die Klasse? Die Klasse lacht wahrscheinlich spontan, weil Fehler und Mängel oft als amüsant betrachtet werden. Die Schüler lachen deshalb, weil hier jemand bloßgestellt und in die Außenseiterposition gedrängt wird. Damit entsteht eine Gemeinschaft derjenigen, die nicht stottern. Ihr Zusammenhalt wird gefestigt, da sich alle in der Ablehnung des Opfers einig sind. Das Selbstwertgefühl wird gesteigert, wenn sie spüren, dass sie im Ansehen der Klasse höher stehen. Aufgestaute Aggressionen (z. B. Ärger im Elternhaus, Konflikte mit Freunden) finden jetzt einen Moment lang ein Ventil und mögliche Sanktionen von Lehrkräften fürchtet aufgrund der Mehrheitssituation niemand. Schließlich wird die Angst, sich vor der Klasse mit ungeschickten Wortbeiträgen zu blamieren, auf das Opfer übertragen: Der ist lächerlich, nicht ich.

Zu 2. Wie geht es dem Schüler mit dem Sprachfehler? Da er den Sprachfehler schon lange hat, ist er vermutlich schon oft gehänselt worden. Er ist in seinem Aussehen, Denken und Fühlen wahrscheinlich den anderen sehr ähnlich, wird aber trotzdem ausgegrenzt. Wenn er sich mit anderen über die Fragen, die Jugendliche interessieren, austauschen möchte, muss er immer wieder erleben, dass er abgewertet und isoliert wird. Er sieht die Ursache dafür in seinem Stottern, kann es aber nicht abstellen – im Gegenteil, wenn er sich sehr bemüht, wird es noch schlimmer. Wegen dieser Kränkungen zieht er es vor, gar nichts mehr zu sagen. Dadurch und dank der Unterstützung durch die Klassenlehrerin wurde er nicht mehr ausgelacht, war aber immer noch sehr traurig, wenn er miterlebte, wie die anderen sich vergnügt unterhalten und verstehen. Bisher ließen ihn die Klassenkameraden in Ruhe, doch durch diesen Zwischenfall spürt er ihre Verachtung. Er ist am Boden zerstört. Am liebsten würde er jetzt nach Hause laufen und nie wieder in die Schule gehen.

Zu 3. Was könnte die Schüler daran hindern, sich auf die Seite des stotternden Jungen zu stellen? Bestimmt gibt es einige, denen es sehr bewusst ist, dass er nichts für den Sprachfehler kann und enorm unter der Situation leidet. Innerlich finden sie das Verhalten der Klasse widerlich. Aber sie suchen auch die Anerkennung der anderen und haben große Angst, an den Rand gedrängt zu werden, zumal sie schon erlebt haben, wie Einzelne in der (oder einer vorhergehenden) Klasse gedemütigt wurden, wenn sie sich gegen die Mehrheit stellten. Deshalb schweigen sie mit schlechtem Gewissen.

Zu 4. Was kann ein Schüler in dieser Situation unternehmen, um dem Jungen zu helfen? Das Beste wäre es, wenn einer aufstünde und erklärte, dass er das Gelächter als gemein empfinde und an die Weisung der Klassenlehrerin erinnerte. Er könnte damit die stillen Schüler, die auch nicht damit einverstanden sind, ermutigen, ihm wenigstens beizupflichten. Wenn er in der aggressiven Atmosphäre jedoch nicht den Mut aufbringt, sich zu äußern, kann er hinterher zu dem Jungen gehen und ihm sagen, dass er die Klasse als niederträchtig empfand, aber sich nicht getraute, das Wort zu ergreifen. Das ist zwar innerhalb der Klasse nicht viel an Unterstützung, aber doch von großem Wert für den gehänselten Jungen, wenn ihm jemand signalisiert: Du bist in Ordnung. Vor allem muss die Klassenlehrerin darüber informiert werden, was passiert ist, damit sie einen Versuch unternimmt, das Sozialverhalten der Klasse zu verbessern.

Zu 5. Mit welchen Widerständen der Gruppe muss er rechnen? Argumente dürfte die höhnisch lachende Mehrheit gegen den mutigen Einzelnen kaum haben. Häufiger sind es herabwürdigende Zwischenrufe, die darauf hinauslaufen, ihn als übertrieben moralisch oder empfindlich abzustempeln. Zum Beispiel: „Jetzt heul' doch nicht gleich!" oder: „Knutsch' ihn doch!" Auf diese Ebene darf er sich aber nicht einlassen, sondern er muss auf seiner Kritik an dem Verhalten bestehen. Vielleicht kann er Schüler gezielt aufrufen, von denen er weiß, dass sie so ähnlich denken wie er. Auch der Lehrer müsste spätestens jetzt das Problem erkennen und sich in das Gespräch einschalten.

Kurzfristig wird derjenige, der sich auf die Seite des Opfers stellt, angegriffen, längerfristig dürfte sich aber sein Ansehen durch sein mutiges Auftreten in der Klasse verbessern.

Zu 6. Stellt diese Verhaltensmöglichkeiten in einem kurzen Rollenspiel dar. Die in den Gruppen erarbeiteten Szenen sind sehr wichtig und sollen alle dargestellt werden, weil zum einen deutlich wird, dass es mehrere Möglichkeiten gibt, wie man intervenieren kann und zum anderen damit das Auftreten gegen eine Mehrheit geübt wird. Bei der Durchführung und den Besprechungen der Rollenspiele kann gezeigt werden,

- wie ein sachliches Eingreifen aussehen kann,
- welche Nachteile Beschimpfungen haben und
- dass der Widerstand der Mehrheit keineswegs zum Untergang des mutig Agierenden führt.

Dass die Wortgefechte des Einzelnen nicht zu seiner totalen Ablehnung führen, wie es viele, ohne es auszusprechen, befürchten, ist für die meisten eine erstaunliche und ermutigende Erkenntnis. Verallgemeinert wurde die Diskussion durch die Impulsfrage:

„Könnt ihr euch vorstellen, dass ihr in eine ähnliche Position wie der stotternde Junge kommen könntet?"

Einigen fiel ein, dass durch einen Unfall mit dem Auto oder dem Motorrad eine Gehirnschädigung auftreten könnte, die zu Wortfindungsstörungen oder Ähnlichem führen könnte. Ein anderer meinte, man müsse vielleicht nach der Lehre im Ausland arbeiten, wenn es hier nicht genügend Arbeitsplätze gebe. Die mangelnde Beherrschung der fremden Sprache könnte dann zu ähnlichen Situationen wie im oben geschilderten Fall führen. Eine solche Erörterung ist wichtig, damit nicht der Eindruck entsteht: „Mir könnte so etwas nicht passieren."

Zur Vertiefung können die Gruppen aus früheren Erlebnissen selbst Szenen gestalten, wobei in unserem Fall keiner angemessen reagierte. Solche selbst erlebten Szenen sind jedoch näher an den Schülern dran als die von der Lehrkraft vorgegebenen.

5.2 Unterrichtseinheit: Der Außenseiter schweigt beharrlich

Als Nächstes wollen wir einen komplexen Fall vorstellen, bei dem die Gefühlslage des Opfers nicht so leicht zu ermitteln ist, der sich aber öfter ereignet und dann ratlose oder gar frustrierte „Helfer" zurücklässt.

> Der neu in die Klasse gekommene Schüler W. ist isoliert. Er sagt im Unterricht kein Wort, wenn er nicht angesprochen wird. Er sitzt allein vorn in der ersten Bank und weicht den Blicken der anderen aus. Wenn er von der Lehrerin aufgerufen wird, antwortet er nur recht einsilbig und oft sind seine Antworten falsch. Wo er sich in der Pause aufhält, weiß niemand. Er fehlt häufig und bringt dann Entschuldigungen mit, auf denen etwas von Magenverstimmung, Kopfschmerzen, Verstauchung und Erkältung steht.
>
> An einem Tag führt die Lehrerin eine langfristige Gruppenarbeit ein. Weil W. immer noch auf seinem Platz sitzt, sagt die Lehrerin, er solle bei den drei Schülern mitarbeiten, die sich an einem Tisch direkt hinter ihm versammelt haben. Die wehren ab, sie hätten schon angefangen, er solle zur Nachbargruppe. Aber diese Gruppe will ihn wie alle anderen auch nicht. Es fallen zynische Bemerkungen wie: „Nehmt ihr ihn doch. Der stört nicht." Die Klasse lacht. Verärgert ordnet die Lehrerin an, dass er zu Gruppe 4 komme. Dort bleibt er bis zum Ende der Stunde still sitzen, während die anderen angeregt zusammenarbeiten.
>
> Am nächsten Tag ist W. wieder einmal krank. Die Mutter sagt am Telefon, er habe sich den Fuß verstaucht. Die Lehrerin nutzt die Chance, um ihrer Klasse ins Gewissen zu reden. Die Schüler der Gruppe 4 erklären sich schließlich unter dem Gespött der anderen und etwas widerwillig dazu bereit, ihn zu beteiligen und zu integrieren.

Als W. nach zwei Tagen wieder erscheint, informieren ihn die Gruppenmitglieder über den aktuellen Stand der Arbeit. W. bemüht sich zunächst, mitzumachen, wird dann aber immer stiller und sitzt zum Schluss nur noch teilnahmslos dabei. Auf eine nachdrückliche Aufforderung, endlich seine Meinung zum Arbeitsthema zu sagen, zuckt er nur mit den Schultern und verstummt ganz.

Nach dem Unterricht beschweren sich die Gruppenmitglieder bei der Lehrerin: „Wir haben alles versucht. Mit dem ist nichts anzufangen."

Aufgabe für die Bearbeitung in Kleingruppen:

1. Halten Sie das Beispiel für realistisch und typisch?
2. Verändern Sie es ggf., damit es realistisch und typisch wird.
3. Gestalten Sie im Rollenspiel, wie die Gruppe versucht, den Außenseiter zu integrieren.
4. Überlegen Sie sich, wie eine Analyse des Rollenspiels durchgeführt werden kann, damit die Ursachen für die misslungene Integration deutlich werden.

Wenn sich einzelne Schüler oder eine Gruppe auf die Seite des Ausgegrenzten stellen, ihm helfen und ihn in ihren Kreis aufnehmen wollen, misslingt dies manchmal, wobei jede Seite von der jeweils anderen enttäuscht ist, dass „die so komisch" ist. Deshalb sollen die nicht ausgesprochenen Bedürfnisse und Wünsche in den Blick genommen werden.

Wenn man genau hinschaut, kann man als Außenstehender eine nicht bewusste Kommunikation wahrnehmen – sowohl für den Sender als auch für den Empfänger. Die Schüler und Schülerinnen sprechen nicht über ihre Beziehungen zueinander, sie sind „super gut drauf" oder „echt cool" oder beides oder anderes. Dennoch werden nonverbal und verbal verschlüsselte Botschaften ausgesandt, die ihren nicht bewussten Gefühlen entspringen, missverständlich kodiert und falsch dekodiert werden.

Der Außenseiter könnte sinngemäß sagen, wenn er dies

selbst erkennen würde: „Endlich, endlich werde ich anerkannt. Bitte bedenkt, wie schlecht es mir lange Zeit ergangen ist. Geht deshalb sorgsam mit mir um und räumt mir eine Vorzugsstellung ein." Die Gruppenmitglieder könnten sinngemäß sagen, wenn sie dies selbst erkennen würden: „Okay, wir nehmen dich in unseren Kreis auf, du armes Schwein! Aber sei dankbar und halte dich im Hintergrund, denn unsere großherzige Tat ist uns nicht ganz leicht gefallen, schließlich könnten wir durch deine Aufnahme bei den anderen an Ansehen verlieren."

Dass ein solcher Versuch der Unterstützung misslingen und in Enttäuschung enden muss, ist klar. Aber wenn die nicht ausgesprochenen Erwartungshaltungen und versteckten Botschaften wirklich erkannt werden, dann werden eine bessere Kommunikation und sozial angemessene Handlungen möglich.

Auch spontane Rollenspiele sind bei entsprechenden Vorgaben möglich. Dabei empfiehlt es sich, mithilfe von Videoaufzeichnungen einzelne Sequenzen zu untersuchen, weil sich das gesprochene Wort sonst schnell verflüchtigt und wesentliche Elemente nicht erkannt werden. Dabei müssen die Schülerinnen und Schüler unterscheiden können,

- was sie selbst durch mutiges Eingreifen bewirken können,
- wie sie außerhalb des Konfliktortes dem Opfer durch Gespräche und Handlungen beistehen können und
- wann eigene Maßnahmen chancenlos sind, so dass andere (z. B. Schülermediatoren, Lehrkräfte, Schulleitung) einzuschalten sind.

Komplexe Situationen sollen die Möglichkeiten enthalten,

- sich in die Situation eines Angegriffenen bzw. Ausgegrenzten hineinzuversetzen,
- die Gefühle der Aggressoren und die Ängste der Zuschauer und „Mitmacher" zu erfassen,
- eigene Gefühle wie Wut, Mitleid und Angst wahrzunehmen,
- die verschiedenen Seiten der Kommunikation zu verstehen,
- angemessen mit Tätern und Opfer zu kommunizieren,

- die gruppendynamischen Prozesse zu erkennen,
- die Widerstände aus der Gruppe einzuschätzen,
- die eigene Angst zu überwinden und für das Opfer Partei zu ergreifen.

5.3 Unterrichtseinheit: Der Fremde

Eine weitere Möglichkeit besteht darin, literarische Vorlagen zu bearbeiten. Z. B. kann „Der Fremde" von Max von der Grün gelesen werden.

In der Drahtzieherei eines Hüttenwerkes arbeitet ein einziger Ausländer, Enrico, in einer Schicht mit deutschen Arbeitern zusammen. Als der Wochenlohn eines Arbeiters aus einem Schrank im Umkleideraum gestohlen wird, fällt der Verdacht sofort auf Enrico, obwohl es keine Hinweise dafür gibt, dass er es gewesen sein könnte. Er wird verbal und körperlich angegriffen. Der Meister stellt schließlich fest, dass Enrico es nicht gewesen sein kann, weil er zur Tatzeit mit einem Kollegen zusammengearbeitet hat.

Die Schüler können ein Bild malen, auf dem der Konflikt im Umkleideraum dargestellt ist. In Form von Sprechblasen werden dann Sätze eingefügt, die die Arbeiter sagen könnten, vor allem auch, was einer sagen könnte, der sich auf die Seite Enricos stellen würde. Anhand der Bilder können dann die Gefühle der Betroffenen, die Art der Kommunikation und die gruppendynamischen Prozesse erarbeitet werden.

Ältere Schüler können den hier abgedruckten Zeitungsartikel (siehe Abb. 11) als Basis nehmen und sich vorstellen, sie seien durch Zufall ebenfalls Gast dieser Veranstaltung gewesen. Dazu stellt die Lehrkraft folgende Fragen:

- Wie hätten sie eingreifen können?
- Mit welchen Hindernissen hätten sie rechnen müssen?
- Mit welchen Reaktionen hätten sie rechnen müssen?

Zum Nachtisch meldet ein Rechtsanwalt Zweifel an Auschwitz an

Beim Essen mit Düsseldorfer Honoratioren erntet ausgerechnet Zentralratschef Spiegel den Vorwurf, Antisemitismus zu schüren

Von Ingrid Müller-Münch (Düsseldorf)

Zum Gänse-Essen hat die Deutsche Bank im November 2000 ein handverlesenes Publikum auf Düsseldorfs Königsallee eingeladen. Eine Amtsrichterin will nun erkunden, ob ein Teilnehmer zum Nachtisch volksverhetzende Äußerungen servierte.

„Das Essen war hervorragend, die Gans schmeckte vorzüglich", beschrieb der Präsident des Zentralrates der Juden, Paul Spiegel, am Montag vor dem Düsseldorfer Amtsgericht den Beginn des Martinsgans-Essens, zu dem die Deutsche Bank 70 Honoratioren geladen hatte. Zum Dessert hielt Spiegel auf Einladung der Gastgeber einen Vortrag über jüdisches Leben in Deutschland. Im Verlauf der anschließenden Diskussion fiel ein Wortbeitrag aus dem Rahmen, „eisige Stille" breitete sich im Raum aus.

Spiegels Frau verließ – in Tränen aufgelöst – den Saal.

In seinem Vortrag erwähnte Spiegel die Deportation seiner kleinen Schwester und deren Vergasung in Auschwitz. Im Anschluss daran meldete sich ein Düsseldorfer Rechtsanwalt zu Wort. Er sei als 15-jähriger Pimpf in einer Flakbatterie in der Nähe von Auschwitz stationiert gewesen. Von dort aus sei man zum Duschen, Saunen und Entlausen in das Lager Auschwitz gefahren, ohne etwas von Gräueltaten an Juden zu bemerken. Auch sein Vater, später von ihm hierzu befragt, habe ihm versichert, hiervon nie etwas gehört zu haben. Darüber hinaus, fügte der Rechtsanwalt noch an, müsse sich Spiegel fragen lassen, ob er seine Bemühungen um eine Verständigung von Juden und Nichtjuden in Deutschland, der die von jüdischer Seite erhobenen Forderungen nach finanzieller Entschädigung schon genug schadeten, nicht geradezu konterkariere, wenn er die Erinnerung an diese Gräueltaten immer wieder wachrufe.

„Eine subtile Art der Auschwitz-Lüge", nennt Paul Spiegel diese Äußerung. Er selbst hatte keine Anzeige gegen den 71 Jahre alten Rechtsanwalt erstattet. „Dann hätte ich viel zu tun. Dann würde ich nur noch meine Zeit im Gericht verbringen", erklärte er seine Reaktion. Zumal am nächsten Tag bei ihm ein Blumenstrauß samt Brief einging, in der der Rechtsanwalt bedauerte, das Wort "lächerlich" in Zusammenhang mit dem Rechtsextremismus benutzt zu haben. Auch habe er sich bei dem Wort „Moralkeule" in Zusammenhang mit der Auschwitz-Erwähnung „vergriffen", er sei an diesem Abend „nicht Herr seiner Worte" gewesen.

Spiegel hatte versucht, so erklärte er als Zeuge dem Düsseldorfer Amtsgericht, die Sache nach dem Brief abzuhaken. Doch nachdem sich beim Westdeutschen Rundfunk ein Kommentator des Gänse-Essens angenommen hatte, erstatteten Radiohörer Anzeige. Die Amtsrichterin ließ sich nicht auf einen Strafbefehl gegen den Anwalt ein, sondern wollte es genau wissen. Und erfuhr nun am Montag, dass Spiegel eines vor allem „deprimiert" hat. Nicht nur, dass er bislang noch nicht gehört hat, „wie jemand sagt, ich war in Auschwitz und habe nichts davon bemerkt, dass dort Juden umgebracht werden". Darüber hinaus empfand er es als „unausgesprochen merkwürdig, dass ich für den Antisemitismus in Deutschland verantwortlich gemacht werde". Was Spiegel allerdings an diesem Abend besonders erschütterte, war die Reaktion der etwa 70 sonstigen Gänse-Esser, darunter Düsseldorfs Oberbürgermeister Joachim Erwin, Universitäts-Rektor Gert Kaiser und Regierungspräsident Jürgen Büssow: „Niemand hat etwas gesagt, ‚Wir sind nicht dieser Auffassung. Das hier ist eine Einzelmeinung.'" Die Amtsrichterin will nun weitere Teilnehmer des Mahles hören und vertagte die Verhandlung zunächst bis auf weiteres.

▲ **Abb. 11:** Zeitungsartikel aus der Frankfurter Rundschau (15. 1. 2002)

- Welche Gefühle und Gedanken hätten die anderen Gäste vermutlich gehabt?
- Was hätten sie zu dem Ehepaar Spiegel sagen können?

Man muss als Lehrkraft bedenken, dass diese Rollenspiele nicht die Wirklichkeit sind und die von den Schülern gefundenen Möglichkeiten, couragiert einzugreifen, in der tatsächlichen Situation nicht selbstverständlich gewagt werden. Deshalb muss es zum Prinzip gemacht werden,

- solche Rollenspiele häufig durchzuführen, damit sich couragiertes Handeln einschleift,
- Misserfolge und unüberwindbare Ängste immer wieder zu antizipieren, damit sie nicht dazu führen, sich in Zukunft nicht mehr zu engagieren,
- sich über Wahrnehmungen und Erfahrungen zum Thema Zivilcourage oft auszutauschen,
- den Mutigen nicht allein stehen zu lassen, sondern ihn zu unterstützen,
- zunächst von früheren eigenen Erfahrungen zu berichten und schließlich die Situation in dieser Klasse in den Blick zu nehmen und das Sozialverhalten zu verbessern.

5.4 Unterrichtseinheit: Die Freundinnen

Wir haben mit unseren Klassen unterschiedliche Vorlagen aus den Büchern von Scheller (1987/2002) umgesetzt. Als Beispiel wird hier eine Szene aus einer Unterrichtsreihe vorgestellt. Sie wurde zu dem Buch von Annika Thor: „Ich hätte Nein sagen können" entwickelt. Die Szene fassen wir kurz zusammen:

Die Ich-Erzählerin heißt Nora. Sie ist eine 12-jährige Schülerin, die vor dem Schulgebäude auf ihre beste Freundin Sabina wartet, die sie acht Wochen lang nicht gesehen hat; sechs Wochen wegen der Sommerferien und zwei Wochen, weil Nora wegen Windpocken das Haus nicht verlassen durfte. Plötzlich kommt

◀ **Abb. 12:**
1. Szene – Nora wartet vor der Schule auf ihre beste Freundin Sabina. Sie hat Sabina acht Wochen lang nicht gesehen, denn erst hatten sie sechs Wochen Sommerferien und dann durfte Nora zwei Wochen lang nicht in die Schule kommen, weil sie Windpocken hatte.

◀ **Abb. 13:**
2. Szene – Plötzlich steht Karin neben ihr und fragt: „Warst du krank?" Niemand mag dieses Mädchen, auch Nora nicht.

◀ **Abb. 14:**
3. Szene – Nora bietet ihr ein Bonbon an. Immer, wenn Karin danach greift, zieht Nora die Hand weg.

Abb. 15: ▶
4. Szene – Schließlich lässt Nora das Bonbon fallen und sagt zu Karin: „Heb's doch auf!".

Abb. 16: ▶
5. Szene – Plötzlich ist Sabina da. Aber sie sieht nicht, wie Nora winkt. Sie kann sie auch nicht hören, weil ihr Walkman so laut ist.

Abb. 17: ▶
6. Szene – Fassungslos sieht Nora, wie Sabina auf Fanny zueilt. Die beiden sind jetzt die besten Freundinnen.

Karin, stellt sich zu ihr und fragt, ob sie krank gewesen sei. Karin wird von allen in der Klasse abgelehnt. Auch Nora mag sie nicht und reagiert genervt. Doch dann bietet sie Karin ein Bonbon an, gibt es ihr aber nicht, sondern zieht die Hand immer wieder weg, wenn sie danach greift. Schließlich lässt sie es in den Sand fallen und fordert Karin auf, es zu nehmen. Karin sieht traurig aus, bleibt aber stehen.

Da kommt Sabina. Sie sieht Nora nicht, die ihr winkt, und hört sie auch nicht, weil ihr Walkman zu laut ist. Sabina sieht nur Fanny, begrüßt sie herzlich, hängt sich bei ihr ein und geht mit ihr über den Schulhof. Nora ist zuerst wie gelähmt, dann rennt sie nach dem Klingelzeichen ins Schulhaus und schreit Karin an, sie solle abhauen.

Diese Szene wurde mit den Schülerinnen und Schülern gelesen und dann in Form eines Fotoromanes dargestellt.

Damit die Szenen gestellt werden konnten, mussten sich die Schülerinnen und Schüler in die Personen einfühlen und auf Rollenkarten schreiben:

- Was ist Nora für ein Mädchen (Sabina, Karin, Fanny)?
- Was denkt und fühlt sie?
- Was sind ihre Wünsche und Träume? usw.

Im Schutz der Rolle bringen sie ihre teilweise nicht verarbeiteten Erlebnisse und Haltungen in die Gestaltung des jeweiligen „Fotos" ein. Die „Zuschauer" diskutieren, ob die Anordnung der Personen im Raum richtig ist und ob Haltung, Mimik und Gestik stimmen. Kurzzeitig nehmen einige der nicht spielenden Schüler den Platz der jeweils darzustellenden Person ein und demonstrieren, wie der Gesichtsausdruck und die Körperhaltung sein müssten. Das unterscheidet sich von den Vorstellungen anderer, die von anderen Erlebnissen geprägt sind und andere Einstellungen dazu erworben haben. Durch diese Gespräche werden die eigenen Überzeugungen mit denen anderer konfrontiert, ins Bewusstsein gehoben und neu überdacht. Dadurch können sich Einstellungen und Haltungen ändern. „Aus

Erlebnissen werden Erfahrungen" (Scheller 2002, 18f). Der „Schutz der Rolle" gewährleistet, dass niemand sein Innerstes offenbaren muss, denn man spricht über die Ausgestaltung der Rolle und nicht über sich selbst.

Das sah beim ersten Bild so aus: Nora setzt sich auf die Bank und nimmt eine Haltung ein, die ungeduldiges Warten ausdrücken soll. Die anderen, die Beobachter, kritisieren: „Das sieht doch eher gelangweilt aus!" Eine Schülerin verteidigt Nora: „Man zeigt doch so ein Gefühl nicht! Das ist doch blöd! Ich würde rauchen und cool bleiben." Jetzt läuft eine kleine Diskussion über das Zeigen oder Verbergen von Gefühlen ab. Dabei werden der unbewusste Hintergrund und die Überzeugungen in Frage gestellt. Es gibt keine Einigung, aber es kommt heraus: Es ist personenabhängig, ob man Gefühle jemandem ansieht oder nicht.

Vieles, was für die Gestaltung der Fotos wichtig ist, ist nicht im Originaltext enthalten und muss von den Schülerinnen und Schülern mit ihren eigenen Erfahrungen gefüllt werden. Das Wichtigste ist die Auseinandersetzung der Jugendlichen mit den Rollen und das Gespräch darüber. Dadurch werden Erlebnisse mit dem Buch wie auch aus eigenen früheren Gruppen zu Erfahrungen. Die Klasse lernt, sich in die einzelnen Personen einzufühlen, was nun nicht mehr nur über Worte, sondern über Körperhaltungen, Mimik, Gestik und Verhaltensweisen formuliert wird. Wenn alle Schülerinnen und Schüler darüber diskutieren, welches der angemessene körperliche Ausdruck sei, damit man zum Beispiel Karins Abneigung oder Enttäuschung auf dem Foto erkennen kann, kommt es zum Verständnis, wie es einem Kind oder Jugendlichen gehen muss, der wie Karin ausgegrenzt wird. Was diejenigen anrichten, die sich so schikanös verhalten, wird hinterfragt und nicht selbstverständlich hingenommen. Moralische Überzeugungen und Werte sind plötzlich Gegenstand des Unterrichts. Und dann wurden natürlich die Fragen diskutiert: Warum ergreift Nora nicht Partei für Karin? Womit muss sie rechnen, wenn sie es dennoch täte?

Spontan rief ein Schüler: „Ich würde genauso handeln wie Nora!" Er erntete sofort Widerspruch: „Die ist ja vielleicht gar nicht so. Die mag nur keiner. Und für ihr Aussehen kann sie nichts." Darauf kam erneut Widerspruch: „In dem Alter muss man doch wissen, wie man sich kleidet!" Es wurden Alternativen genannt: Man könnte mit Karin reden und sie beraten, damit sie sich anders anzieht. Die Gegenmeinung dazu: Das hilft nichts, man muss mit der Klasse reden, damit sie anders mit Karin umgehen. Manche empfanden es als ausgleichende Gerechtigkeit, dass Nora auch eine Enttäuschung hinnehmen musste. Dann wurde diskutiert, was passieren würde, wenn Nora Arm in Arm mit Karin über den Hof gehen würde. Manche fanden das zu gewagt und fürchteten, dass sie dann von den anderen gehänselt werden würde. Diese Angst hatten nicht alle: Auf die Anerkennung von solch fiesen Mitschülern könne man verzichten. Insgesamt wurde das mutige Auftreten als die beste Lösung empfunden, auch wenn es manche für zu schwierig hielten.

Die Frage des Gewissens wurde nach dieser Szene den Schülerinnen und Schülern in Einzelarbeit gestellt. Der Arbeitsauftrag bestand darin, dass jeder einen Brief von Nora an den von Mutter und Tochter getrennt lebenden Vater schreiben sollte (s. Abb. 18)

Beim Vorlesen der Ergebnisse lernt jeder, sich mit der Gedankenwelt der anderen auseinander zu setzen. Hierdurch wird eine Überprüfung und Veränderung der eigenen Meinung und Werte möglich.

Das Problem, gegen eine Mehrheit Partei für das Opfer zu ergreifen, wird im Buch am Ende gelöst, als sich Nora auf Karins Seite stellt. Im Unterricht ist man aber nicht auf die Textvorgabe angewiesen. Im Buch wagt es Nora z. B. noch nicht, zu Karin zu halten, als diese von anderen Schülerinnen mit kaltem Wasser übergossen wurde. Karin schämte sich, sich vor anderen zu entkleiden, und duschte deshalb nach einem Fußballspiel nicht. Mit der – wie Nora wusste – unzutreffenden Behauptung, sie würde nach Schweiß riechen, spielten ihr Fanny und andere Mädchen diesen üblen Streich. Nora stand unter der Dusche, erlebte es mit und schritt nicht ein. Im Unterricht kann

Nora hat ein schlechtes Gewissen, weil sie so gemein zu Karin war. Sie schreibt ihrem Vater einen Brief:

Lieber Papa,

ich bin von mir selbst enttäuscht und muss es irgendjemandem erzählen, was ich gestern getan habe.

_____

_____

_____

_____

_____

_____

_____

_____

_____

_____

Ich habe so ein schlechtes Gewissen. Was soll ich denn jetzt machen? Bitte, antworte mir bald.

Alles Liebe
deine Nora

▲ **Abb. 18:** Arbeitsblatt

ein anderes Verhalten erprobt werden. Das könnte z.b. darin bestehen, laut zu rufen und die anderen zum Aufhören aufzufordern. Oder hinzugehen, Karin bei der Hand zu nehmen und aus dem Raum zu ziehen. Oder eine Lehrerin zu verständigen usw.

Mit diesen Beispielen wollen wir nicht nur Anregungen geben und Mut machen, einen Unterricht zu konzipieren, der die Zivilcourage der Schüler fördert, sondern auch zeigen, dass man viele Übungen braucht und das Thema immer wieder aufgreifen muss, bis wirklich eine Einstellungs- und Verhaltensänderung eintritt.

5.5 Unterrichtseinheit: Sexuelle Übergriffe

Wir stellen hier ein Beispiel aus dem anschaulichen Buch von Sunny Graff „Mädchen sind unschlagbar" vor.

Sunny Graff wendet sich mit ihrem Selbstbehauptungs- und Selbstverteidigungskonzept ausdrücklich an Mädchen und spricht die Zielgruppe gut an. Graff verfügt über eine jahrelange Erfahrung in der „Frauenselbstverteidigungs- und Kampfkunstschule". Vieles, was sie schreibt, bezieht sich zwar ausdrücklich auf Mädchen, vor allem, wenn es sich um sexuelle Übergriffe handelt, vieles ist aber auch geschlechtsunspezifisch. Diese Aussagen treffen auf alle zu (Graff 2001, 10 und 12):

„Wenn du Selbstbewusstsein ausstrahlst, dich behaupten und dir in allen Situationen Respekt verschaffen kannst, bist du weniger gefährdet. Außerdem musst du lernen, gefährliche Situationen frühzeitig zu erkennen und dich im Notfall auch tatkräftig zu wehren wissen." ... „Rassismus, Antisemitismus und Vorurteile gegen Behinderte, Dicke, Schwule und Lesben sind in unserer Gesellschaft an der Tagesordnung. Wenn du gegen solches Verhalten nicht protestierst, nimmst du es passiv hin."

In diesem Buch finden sich viele Möglichkeiten, die im Unterricht nachgestellt und geübt werden können. Das hier gewählte Beispiel haben wir in Anlehnung an Graff (2001, 38) entwickelt.

Die 14-jährige Vera hatte auf das Baby eines befreundeten Ehepaars aufgepasst. Als der Mann sie nach Hause fuhr, legte er ihr den Arm auf die Schultern. Vera: „Mir wäre es lieber, wenn Sie das nicht machen würden." Der Mann: „Was denn?" Vera: „Sie wissen schon." Der Mann: „Was meinst du? Ich mache doch überhaupt nichts." Vera: „Ich mag es aber nicht." Der Mann: „Was magst du nicht?" Während sie redeten, streichelte der Mann die ganze Zeit Veras Schulter und tastete sich immer näher an ihre Brust heran. Vera fühlte sich vollkommen hilflos. Sie wusste nicht, wie sie die Situation beenden konnte.

Hätte Vera das Verhalten beim Namen genannt und ihn aufgefordert damit aufzuhören, hätte sie die Belästigung im Keim ersticken können, z. B. auf folgende Weise:

Vera: „Nehmen Sie sofort Ihre Hand weg." Der Mann nimmt seine Hand weg und antwortet: „Schon gut. Reg dich nicht auf. Ich hab's ja nicht so gemeint." Vera: „Fassen Sie mich nie wieder an."

In diesem Fall hätte Vera sich unmissverständlich ausgedrückt. So hätte sie die Situation beendet und den Übergriff des Mannes verhindert.

5.6 Unterrichtseinheit: Bei Prügeleien eingreifen?

In der Klasse wird das Thema „Eingreifen bei körperlicher Gewalt" besprochen. Zur Umsetzung könnte folgende Szene aufgebaut werden:

Im Schulhof sitzt ein Schüler auf einem anderen, der auf dem Boden liegt und aus Mund und Nase blutet. Darum herum stehen Kinder und Jugendliche, die zuschauen, wie der Stärkere auf den Schwächeren einschlägt.

Im Plenum besprechen die Schüler, wie ein Zeuge der Szene eingreifen kann. Klar ist, dass bei entsprechender Schwere des Vorfalls die Schulleitung benachrichtigt werden muss, gegebenenfalls die Polizei.

Die Möglichkeiten für ein Erstverhalten sind personenabhängig. Ein großer, kräftiger Junge wird vielleicht einfach dazwischen gehen und die beiden Kämpfhähne trennen. Wer sich nicht so sicher fühlt, wird andere Maßnahmen ergreifen müssen. Die einfachste Möglichkeit ist, laut zu rufen: „Sofort aufhören! Auseinander!" Das muss in der Klasse geplant und geübt werden. Denn die Aufforderung

- muss laut genug sein, um in ein durch Wut vernebeltes Gehirn vorzudringen und zu signalisieren, dass es nun auch Lehrkräfte hören könnten.
- Sie muss eine konkrete Anweisung enthalten, also „Aufhören!" und nicht etwa eine Beleidigung („Ich glaube, du spinnst!").
- Sie muss entschlossen vorgetragen werden, damit sie ernst genommen wird.

Eine weitere Möglichkeit besteht darin, andere Schüler anzusprechen, damit sie sich einmischen und die Konfliktparteien trennen. Diese Aktion muss ebenfalls geübt werden, das heißt, die potentiellen Helfer mit Namen ansprechen (wenn unbekannt: „Du mit der blauen Jacke!") und umsetzbare Anweisungen geben („Wir ziehen jetzt die beiden auseinander!").

Was man von einem Schüler oder einer Schülerin erwarten darf, ist Hilfe zu holen – z. B. im Lehrerzimmer. Doch auch darüber muss gesprochen werden, um eventuellen Ängsten zu begegnen: „Was denken die anderen von mir, wenn ich petze? Wird mein Name bekannt und wird mich unter Umständen der aggressive Schüler verprügeln?" Wenn die Diskussion den Schülern zu nahe geht, kann man zunächst auch den Fall des kleinen Maximilian aus Kapitel 1 zum Thema machen.

Ist eine Schlägerei noch nicht im Gange, aber abzusehen, gibt es noch eine andere bewährte Möglichkeit einzugreifen, die so genannte „paradoxe Intervention". Man kann versuchen, der Situation den Ernst zu nehmen. Z. B. mit dem Zwischenruf: „Schlagt euch auf der Toilette – da lässt sich das Blut besser aufwischen!" Das wirkt häufig, weil außer dem Gefühl der grenzenlosen Wut (= Wunsch, draufzuhauen) auch immer Angst (= Wunsch, aufzuhören) mit im Spiel ist, die eine Deeskalation ermöglicht.

Eine weitere Situation kann im Klassenrahmen geübt werden, die vielen Kindern und Jugendlichen Angst macht: Wenn man plötzlich im öffentlichen Raum auf eine Gruppe trifft, die einen bedroht. Szenisch kann das in der Schule so dargestellt werden:

> Fünf oder sechs Schüler stellen in einer Ecke des Raumes die bedrohliche Gruppe dar. Davor werden Tische aufgestellt, so dass ein Gang entsteht, den ein Einzelner passieren muss, um zur Bushaltestelle zu gelangen. Die aggressiven Jugendlichen rufen ihm zu: „Komm mal her, du Bettnässer!"

Nun ist in der Klasse zu erörtern, welche Reaktionen mit Sicherheit falsch sind und was die beste Lösung wäre.

Relativ häufig reagieren Schüler auf die Kränkung mit einem verbalen Gegenangriff: „Das nimmst du zurück!" Möglicherweise bleibt es beim verbalen Schlagabtausch, die Wahrscheinlichkeit einer Schlägerei erhöht sich aber, wenn keiner einlenkt. Aus Angst dem Befehl Folge zu leisten, kann ebenso fatal sein. Wer in Panik wegläuft, muss damit rechnen, verfolgt zu werden.

Es empfiehlt sich, die Opferrolle nicht zu erfüllen. Der Einzelne sagt mit fester Stimme: „Ich lasse mich nicht provozieren" und geht zügig, aber ohne zu rennen, weiter. In vielen Fällen führt das dazu, dass ihm vielleicht noch Beleidigungen nachgerufen werden. Er wird jedoch (höchstwahrscheinlich) nicht körperlich angegriffen. Es erhöht die Chance, einer Misshandlung zu entgehen, garantiert ist es allerdings nicht.

Eine ähnliche Szene: Ein Einzelner ist in die Fänge dieser aggressiven Gruppe geraten. Man erkennt, dass er gleich angegriffen wird. Ein anderer kommt hinzu und erfasst die Situation.

Wie kann er helfen? Die mutigste Handlungsweise, die am meisten Zivilcourage erfordert, wäre eine überraschende Reaktion: Er tritt hinzu, nimmt das Opfer am Arm und zieht es weg mit Worten: „Komm jetzt, da vorn wartet dein Vater auf dich!" Das kommt unerwartet und kann dazu führen, dass die Gruppe von dem Opfer ablässt. Wer das nicht wagt, kann mit lauter Stimme andere Passanten auf den Vorgang aufmerksam machen: „Da wird jemand überfallen, holen Sie die Polizei!" Oder er kann selbst mit dem Handy oder von einem nahe gelegenen Geschäft aus die Polizei anrufen. Außerdem muss er sich die Täter möglichst genau einprägen, denn die Opfer sind manchmal so verwirrt, dass sie keine nützlichen Angaben machen können.

Nach einer Gewalttat ist es wichtig, zu dem Opfer zu gehen und ihm Hilfe und Zuwendung zu geben. Das kann im Unterricht geübt werden. Nur durch Wiederholungen können neue Verhaltensweisen eingeübt werden, die im Ernstfall zur Anwendung kommen.

6 Anhang

Adressen

Aktioncourage
www.aktioncourage.org
E-Mail: info@aktioncourage.org

Aktioncourage fordert und fördert die gesellschaftliche Teilhabe und politische Mitbestimmung von Menschen ausländischer Herkunft. Aktioncourage führt außerdem das folgende Projekt durch. Kontaktadresse:

Schule OHNE Rassismus – Schule MIT Courage
Projektleiterin: Sanem Kleff
Ahornstraße 5, 10787 Berlin
Tel.: 030 / 21 45 86-0
Fax: 030 / 21 45 86-20
schule@aktioncourage.org

Bund-Länder-Kommission
www.blk-demokratie.de

Das BLK-Programm „Demokratie lernen & leben" ist ein Projekt der Bund-Länder-Kommission für Bildungsplanung und Forschungsförderung (BLK) und wird gefördert vom Bundesministerium für Bildung und Forschung (BMBF) und den beteiligten Bundesländern. Das Programm wird gestaltet in Zusammenarbeit mit dem Deutschen Institut für Internationale Pädagogische Forschung (DIPF) und dem Landesinstitut für Schule und Medien Brandenburg (LISUM). Kontakt:

Freie Universität Berlin
IZLL
BLK-Programm „Demokratie lernen & leben"
Koordinierungsstelle
Christine Dreykluft (Sekretariat)
Arnimallee 12, 14195 Berlin
Tel.: 030/8 38-5 64 73
Fax: 030/8 38-5 27 10

Der Weiße Ring e. V.
www.weisser-ring.de
E-Mail: info@weisser-ring.de

Bundesweites Info-Telefon und Opfer-Notruf:
0 18 03/34 34 34 für 0,09 €/Minute (rund um die Uhr)

Der Weiße Ring ist eine bundesweit agierende Hilfsorganisation für
Kriminalitätsopfer und ihre Familien. Der gemeinnützige Verein tritt
auch öffentlich für die Interessen der Betroffenen ein und unterstützt
den Vorbeugungsgedanken. Der Verein bietet auch Informationsmaterial zu Opferhilfe, Vorbeugung von Gewalt und Gewaltprävention
in der Schule.

Deutscher Kinderschutzbund
www.kinderschutzbund.de
E-Mail: info@dksb.de

Kinder- und Jugendtelefon:
Tel.: 08 00/1 11 03 33 kostenfrei
(montags bis freitags von 15.00 bis 19 Uhr)

Elterntelefon:
Tel.: 08 00/1 11 05 50 kostenfrei
(montags und mittwochs von 9.00 bis 11.00 Uhr und dienstags und
donnerstags von 17.00 bis 19.00 Uhr)

Der Kinderschutzbund will Kinder stark machen, ihre Fähigkeiten
fördern, sie ernst nehmen und ihre Stimme hören. So werden Kinder

fit für die verantwortliche Gestaltung ihres eigenen Lebens und unserer Welt.

Institut für Friedenspädagogik Tübingen e. V.

www.friedenspaedagogik.de
E-Mail: kontakt@friedenspaedagogik.de
Corrensstr. 12, D-72076 Tübingen
Tel.: 0 70 71/92 05 10
Fax: 0 70 71/9 20 51 11

Das Institut für Friedenspädagogik hat sich seit seiner Gründung im Jahr 1976 als friedenspädagogische Servicestelle bundesweit etabliert. Zu einer Vielzahl von Themen werden didaktisch aufbereitete Publikationen und audiovisuelle Medien erstellt, Literatur- und Medienübersichten erarbeitet oder Seminare durchgeführt. Das Institut verfügt über eine Geschäftsstelle in Tübingen und arbeitet im Verbund mit erfahrenen Fachleuten aus Wissenschaft und Forschung.

ProPK online

www.polizei.propk.de/service/suche/index.xhtml
E-Mail: zgs@polizei-beratung.de

ProPK online. Das Vorbeugungsprogramm Ihrer Polizei – Beratung und Information für Ihre Sicherheit. Auf der Homepage werden zu dem Suchbegriff „Zivilcourage" zahlreiche Projekte und Initiativen vorgestellt.

Schule ohne Gewalt

www.pressehuette.de, Link 'Projekte zur Gewaltprävention an Schulen'
E-Mail: trainings@pressehuette.de

Angebote für Schulen und Jugendeinrichtungen zur Gewaltprävention und Zivilcourage. Unter anderem bietet die Projektleiterin Miriam Krämer Zivilcouragetraining für Jugendliche an. Die Projektmappe kann unter der Telefonnummer 01 79/514 64 44 angefordert werden.

Tolerantschools – ein europäisches Netzwerk
http://tolerantschools.org
E-Mail: info@dgb-bildungswerk-bb.de

Planung, Durchführung, Auswertung und Dokumentation von schulischen Projekten zu den Themen Rechtsextremismus, Fremdenfeindlichkeit, Gewalt und Toleranzbildung. Das Projekt „Tolerantschools – ein europäisches Netzwerk" ermöglicht auf der o. g. Internetplattform die Darstellung innovativer Projekte und Initiativen aus mehreren europäischen Ländern. Die Laufzeit der Projektförderung ist drei Jahre, das IT-gestützte Netzwerk wird auch nach dieser Laufzeit durch die Projektpartner und das DGB Bildungswerk Berlin-Brandenburg weitergeführt.

In Städten und Kreisen gibt es außerdem Anlaufstellen, die im Telefonbuch unter Jugendamt, Jugendschutz, Beratungsstellen und bei den Kirchen zu finden sind.

Literatur

Die mit 𝒳 gekennzeichneten Bücher enthalten u. a. Materialien für den Unterricht.

Ausubel, David P. (1970): Das Jugendalter. Juventa, München

Bergmann, Wolfgang (2001): Gemeinsam gegen Gewalt. Südwest, München

Cohn, Ruth C. (2004): Von der Psychoanalyse zur themenzentrierten Interaktion. Klett-Cotta, Stuttgart

Dambach, Karl (2002): Mobbing in der Schulklasse. 2. Aufl. Ernst Reinhardt, München

– (2003): Mobbing in der Schulklasse. Hessische Lehrerzeitung (Heft 7/8), 7–9

– (2003): Mobbing unter Kindern und Jugendlichen. Unsere Jugend (Heft 12), 507–517

–; Tauscher, Claudia; Wilhelm, Nicole (2002): Zivilcourage lernen. PÄDAGOGIK (Heft 12), 34–36

De Zanger, Jan (1999): Warum haben wir nichts gesagt? Beltz, Weinheim

𝒳 Daubert, Hannelore (Hrsg.) (2002): Gewalt, Mobbing & Zivilcourage. dtv, München

Geißler, Karlheinz A. (Hrsg.) (1979): Gruppendynamik für Lehrer. Rowohlt, Reinbek

Gordon, Thomas (1996): Familienkonferenz. Heyne, München

– (1996): Schüler-Lehrer-Konferenz. Heyne, München

Graff, Sunny (2001): Mädchen sind unschlagbar. Ravensburger

Gruber, Bernhard; Mendl, Hans (2000): Zivilcourage im Dritten Reich. Auer, Donauwörth

Hirigoyen, Marie-France (2000): Die Masken der Niedertracht. Beck, München

𝒳 Hoffmann, Kirsten; Lilienfeld-Toal, Veronika von; Metz, Kerstin u. a. (2001): STOPP – Kinder gehen gewaltfrei mit Konflikten um. Mit Kopiervorlagen. Persen, Horneburg/Niederelbe

Hurrelmann, Klaus et al. (1999): Gewalt in der Schule. Beltz, Weinheim

Kaspar, Horst (2001): Schülermobbing – tun wir was dagegen! AOL, Lichtenau

– (2001): Streber, Petzer, Sündenböcke. AOL, Lichtenau

Kennedy, John F. (1992): Zivilcourage. Econ, Düsseldorf

Köhring, Hans (1996): Zivilcourage. Wochenschau (Heft 5)

Köster, Magdalena (2001): Zivilcourage, Mut & Engagement. dtv, München

Leymann, Heinz (1996): Mobbing. Rowohlt, Reinbek

Luft, Johannes (1977): Einführung in die Gruppendynamik. Klett, Stuttgart

Luft, Joseph (1986): Einführung in die Gruppendynamik. Klett-Cotta, Stuttgart

Lünse, Dieter; Rohwedder, Jörg; Baisch, Volker (2001): Zivilcourage. Agenda, Münster

Meiche, Rosemarie; Geiger, Helmut (2000): Anstiftung zur Zivilcourage. Talheimer, Mössingen-Talheim

Meyer, Gerd; Dovermann, Ulrich; Ferch, Siegfried; Gugel, Günther (2004) (Hrsg.): Zivilcourage lernen. Analysen – Modelle – Arbeitshilfen. Mit CD-ROM. Landeszentrale für politische Bildung, Stuttgart

Miller, Reinhold (1998): Beziehungsdidaktik. Beltz, Weinheim

– (2001): „Du dumme Sau!"; aol, Lichtenau

Oerter, Rolf; Montada, Leo (2002): Entwicklungspsychologie. 5. Auflage. Beltz, Weinheim

Olweus, Dan (1995): Gewalt in der Schule. Huber, Bern

Rogers, Carl R. (2003): Die klientenzentrierte Gesprächspsychotherapie. Fischer, Frankfurt

Schäfer, Mechthild; Frey, Dieter (1999): Aggression und Gewalt unter Kindern und Jugendlichen. Hogrefe, Göttingen

Scheller, Ingo (2002): Szenisches Spiel. Cornelsen, Berlin

Schulz von Thun, Friedemann (2001): Miteinander reden, Band 1. Rowohlt, Reinbek

– (2001): Miteinander reden, Band 2. Rowohlt, Reinbek

Singer, Kurt (2003): Zivilcourage wagen. 3. Aufl. Ernst Reinhardt, München/Basel

Stoltenberg, Annemarie (Hrsg.) (1997): Anstiftung zur Courage. Rowohlt, Reinbek

Thor, Annika (2004): Ich hätte Nein sagen können. 7. Aufl. Beltz, Weinheim

Weidner, Jens; Kilb, Rainer; Kreft, Dieter (1997) (Hrsg.): Gewalt im Griff: Bd. 1. Neue Formen des Anti-Aggressivitäts-Trainings. Beltz, Weinheim

Welsh, Renate (2001): Sonst bist du dran. Arena, Würzburg

Wilms, Heiner; Wilms Ellen (2003): Erwachsen werden – Life-Skills-Programm für Schülerinnen und Schüler der Sekundarstufe I. Handbuch für Lehrerinnen und Lehrer. 6. Aufl. Lions Club International, Wiesbaden, Bleichstr. 3, 65183 Wiesbaden

Zitzmann, Christina (2004): Alltagshelden. Wochenschau, Schwalbach/Ts.

Karl E. Dambach
Mobbing in der Schulklasse

(»Kinder sind Kinder«; 15)
2., überarb. und erw. Auflage 2002
115 Seiten. (3-497-01588-1) kt

Kinder hänseln MitschülerInnen, weil sie anders aussehen oder unsportlich sind. Sie grenzen andere wegen schlechter oder auch wegen herausragender schulischer Leistungen aus. Sie stempeln andere zum Außenseiter für belanglose Ereignisse. Das war schon immer so. Und dass viele Kinder besser „austeilen" als einstecken können, wissen Eltern und Lehrer nur zu gut.

Wann aber beurteilen die verantwortlichen Erwachsenen dieses Verhalten als Ausgrenzung?
• Wo beginnen Psychoterror und Mobbing?
• Was können wir tun, um das Opfer zu schützen?
• Wie können wir das Verhalten der mobbenden Kinder ändern?

Karl E. Dambach zeigt die typischen Verhaltensmuster, die bereits in der Schule gelernt und geübt werden. Er gibt konkrete Hinweise, wie Lehrer und Eltern den gemobbten SchülerInnen helfen können, und bietet Hilfen, wie das Sozialverhalten in der Schule verbessert werden kann.

ℝ/ reinhardt
www.reinhardt-verlag.de

Buchreihe »Kinder sind Kinder«

ℰℛ reinhardt
www.reinhardt-verlag.de

Kurt Singer
Zivilcourage wagen

Wie man lernt, sich einzumischen
3., aktual. Auflage 2003. 204 Seiten
ISBN (3-497-01648-9) kt

Mutig die persönliche Meinung sagen, zur eigenen Überzeugung stehen, sich gewaltfrei mit Andersdenkenden auseinander setzen – das ist Zivilcourage. Viele Bürger würden sich gern einmischen: am Arbeitsplatz, auf der Straße, in Gemeinden, Schulen oder in einer Partei. Aber die Angst, gegen den Strom zu schwimmen, hält sie zurück. Dieses Buch wendet sich an alle, die sich mit sozialem Mut für mehr Menschlichkeit engagieren wollen. Sie werden darin bestärkt, Bürgermut als demokratische Tugend zu entwickeln.

Anschauliche Beispiele regen Leserinnen und Leser an, Autoritätsangst, Konfliktscheu und Anpassungsbereitschaft zu überwinden. Zivilcourage ist lernbar – das zeigt Kurt Singer in seinem überzeugenden Plädoyer.

 reinhardt
www.reinhardt-verlag.de